**ARP PRESENTS**

# A RESPOSTA QUE VOCÊ PRECISA.

**ANDRÉ.**

Licensed only / Miami FL. copyright
Licensed only / Miami FL. copyright
Licensed only / Miami FL. copyright

**A F**

---

**ANDRÉ FERNANDES**

life diary

quatro ventos

made with love

Editora Quatro Ventos
Avenida Pirajussara, 5171
(11) 3230-2378
(11) 99232-4832

Diretor executivo: André Cerqueira
Editora-chefe: Sarah Lucchini
Equipe Editorial:
Renan Bellas
Isaque Felix
Paula de Luna
Gabriela Vicente
Revisão:
Rebecca Cádimo
Clarisse Castro
Coordenação de projeto gráfico:
Daniel Trindade
Diagramação: Vivian de Luna
Capa: Daniel Trindade

*Todos os direitos deste livro são reservados pela Editora Quatro Ventos.*

Proibida a reprodução por quaisquer meios, salvo em breves citações, com indicação da fonte.

Todas as citações bíblicas e de terceiros foram adaptadas segundo o Acordo Ortográfico da Língua Portuguesa, assinado em 1990, em vigor desde janeiro de 2009.

Todo o conteúdo aqui publicado é de inteira responsabilidade do autor.

Todas as citações bíblicas foram extraídas da Nova Versão Internacional, salvo indicação em contrário.

Citações extraídas do site *https://www.bibliaonline.com.br/nvi*. Acesso em abril de 2020.

1ª Edição: Maio 2020
1ª Reimpressão: Junho 2020
3ª Reimpressão: Outubro 2022

Ficha catalográfica elaborada por Geyse Maria Almeida Costa de Carvalho – CRB 11/973

---

F363r Fernandes, André

A resposta que você precisa / André Fernandes. – São Paulo: Quatro ventos, 2020.
240 p.

ISBN: 978-65-86261-04-2

1. Religião. 2. Deus. 3. Crescimento espiritual.
I. Título

CDD 207
CDU 27-1

# SUMÁRIO

1 Sem filtro _____ 013

2 Um Deus que é Pai _____ 027

3 Pseudoevangelho _____ 041

4 Mudar o mundo do sofá _____ 059

5 Quem vai limpar essa bagunça? __ 073

6 Amor, tempo e morte _____ 089

7 Cartas vivas _____ 101

8 Cartas de um Deus bipolar ____ 109

9 *Houston, we have a problem* ____ 119

10 Começando pelo começo _____ 135

11 Todos a bordo _____ 145

12 Foi você que fez isso? _____ 159

13 Quarto 210 _____ 171

14 Só o barulho do mar _____ 183

15 Sem anestesia _____ 199

16 O amor não é uma ideia _____ 211

17 Barquinhos de papel _____ 225

# **DEDICATÓRIA**

Dedico este livro à minha esposa, à minha filha Cecília e ao nosso bebê que está a caminho. Também a todos que têm me sustentado em amor, enquanto vivo o que tenho aprendido e prego o que tenho vivido!

# DESCRIPTION

# PREFÁCIO

O que é necessário acontecer para recuperarmos a alegria da vida, o entusiasmo em fazer as coisas junto com os outros, em estabelecer conexões produtivas com as pessoas, em reconfigurar os tormentos que ricocheteiam dentro de nós? Parece que vivemos erigindo pirâmides em nosso interior, monumentos e mausoléus em honra a nós mesmos. O egoísmo manifesto na vida contemporânea, com a brutal insensibilidade com a dor alheia, consumismo desenfreado e falta de compaixão com os enfermos, pode ser superado pelo amor?

Neste livro de fôlego, André Fernandes nos apresenta uma poderosa narrativa de transformação total. Depois de sentir um desconforto no peito, ter procurado ajuda hospitalar, receber um diagnóstico estranho e ser internado, André vivenciou uma profunda reflexão acerca daquilo que realmente importa.

O amor permanece como a força motriz de toda mudança verdadeira. O amor não se vende, o amor não se compra, o amor é inegociável, o amor é a resposta, o amor é uma pessoa: Jesus Cristo. Esse amor foi demonstrado na maior de todas as histórias, a história da cruz. A cruz perpétua nos traz esperança. Na cruz, Jesus carregou nossos pecados, levou nossa culpa. Necessário é nascer de novo! Precisamos morrer com Cristo na cruz para ressuscitarmos com Ele.

Nesta obra, meu amigo André Fernandes mostra que o poder da ressurreição está disponível a nós em Jesus Cristo. As melhores notícias que o mundo já ouviu vieram de um túmulo vazio: Jesus está vivo! Precisamos dessa vida nova, desse novo coração, dessa nova maneira de encarar a existência. Jesus ressurreto nos ensina a atravessar paredes!

Ingresse nesta jornada reflexiva sobre o sentido da vida, o significado das verdadeiras amizades e a demolição das paredes interiores através da cruz de Jesus Cristo.

**DAVI LAGO**

00:00:01

ARQVP /// 1
_SF

/// CAP. 1

# SEM FILTRO

"Jesus não morreu para você se parecer com um crente, Jesus morreu para você se parecer com Ele!"

> **_Imitar a Cristo significa imitar o todo de um Jesus que foi pleno, e não parte de um Jesus que nós mesmos criamos!**

Gostaria muito de começar este livro falando a respeito de uma história linda construída com Jesus desde a minha infância, mas essa não seria a minha história. Deus sempre esteve ao meu lado, eu que não sabia disso. Tive uma criação católica não praticante, e por mais que a ideia de fazer parte de uma religião e assumidamente não a praticar possa parecer absurda, era exatamente assim que eu me relacionava com a igreja. Durante a minha infância, passei por algumas experiências em outras religiões também, enquanto assistia a meus pais buscando por Deus em lugares onde Ele nunca esteve, eles só não sabiam disso ainda. Os evangélicos sempre pareceram para mim parte de um universo paralelo. Acredito que construí esse conceito enquanto era jovem. Meus amigos que se diziam evangélicos não tinham um estilo de vida que me atraísse, e, na verdade, eu não via neles nada de diferente pelo fato de serem cristãos, a não ser as barreiras culturais que nos separavam. Imaginar-me fazendo parte de uma igreja evangélica era totalmente impensável. Você deve ter uma ideia então do quanto foi frustrante para mim receber a notícia que meus pais haviam se convertido. Foi como se o chão tivesse desabado debaixo dos meus pés. Nós havíamos recentemente passado por um período muito difícil de crise financeira e essa notícia para mim ecoou como se fosse uma nova crise na minha família. Eu não sabia ainda, mas aquela decisão deles transformaria para sempre toda a minha história.

É comum nos depararmos com histórias como essas, de pessoas que são extremamente fechadas para mensagem do Evangelho ou, em particular, para as igrejas protestantes. E normalmente nós transferimos a culpa para elas, como se a imagem que elas têm da Igreja não fosse fruto da imagem que nós construímos sobre o que é ser Igreja. Grande parte da rejeição que existe não é sobre o que pregamos, mas sobre o que vivemos.

> _Jesus não morreu para você se parecer com um crente, Jesus morreu pra você se parecer com Ele!

## JESUS ENTROU NA MINHA CASA

Eu morava em outra cidade na época e estava cursando a faculdade quando, durante as férias, fui visitar meus pais. Passei alguns dias na casa deles em Cabo Frio, e lembro o quanto eles estavam com expectativa para me apresentar a um pastor amigo (na verdade, eu estava muito desconfortável com essa ideia). Alguns dias depois o pastor foi finalmente nos visitar e levou também sua esposa e suas filhas, e confesso que uma das filhas do pastor aumentou bastante o meu nível de atenção para o que ele tinha para falar. Passamos algumas horas conversando e falando sobre sonhos, projetos e coisas do tipo. Foi muito leve aquela tarde e muito diferente do que eu imaginava que seria. Depois que eles foram embora, meus pais estavam aguardando para saber o que eu tinha achado da visita, se eu havia gostado do pastor e de tudo que conversamos. Minha resposta foi bastante inesperada para eles: "Gostei tanto que quero o contato da filha do pastor pra continuar a conversa". Naquela mesma semana, consegui o contato da filha do pastor e, a partir disso, começaram longas horas de conversas pela internet. Ficávamos falando sobre todo tipo de assunto, na verdade, a maioria deles sem muita importância, mas eu via nela algo muito diferente.

Quando menos esperava, eu estava dentro de uma igreja evangélica levantando as mãos e reconhecendo Jesus como meu único e suficiente salvador. Foi irresistível para mim me render a tudo o que eu estava experimentando, e, pela primeira vez, comecei a ter experiências reais com Deus.

Eu me converti em uma congregação bem pequena, em uma Assembleia de Deus, e agora aquele jovem resistente aos evangélicos estava completamente imerso. Eu participava de todos os cultos daquela igreja. Aos domingos, chegava para o culto da manhã e só saía de lá depois que toda a programação encerrava. Comecei a me envolver intensamente com a família do pastor e acompanhar a rotina da igreja, e, à medida que meu relacionamento com Deus crescia, minha relação com a filha do pastor caminhava também no mesmo ritmo. Para resumir bastante, depois de meses de namoro e noivado, me encontrei com a "filha do pastor" no altar e começamos juntos a construir nossa história. Somos casados há quase dez anos e pais de uma menina incrível chamada Cecília, que me lembra todos os dias o quanto Deus é bondoso.

Depois de tudo isso, entendi que nunca tive nenhuma barreira a respeito de Jesus e da Sua palavra. O que existia, na verdade, era uma total resistência a imagem de um Jesus moldado segundo o formato da religião. Hoje sou pastor e tenho a oportunidade de falar sobre Jesus e Seu amor furioso por onde passo, e a verdade que move o meu chamado é retirar os filtros que nos impedem de ver Jesus como Ele realmente é.

Eu e Quezinha servimos como pastores da Lagoinha e temos experimentado os melhores dias das nossas vidas lá. Existe uma graça evangelística surreal sobre nossa igreja e todos os cultos são marcados com dezenas de pessoas vindo à frente, reconhecendo Jesus como seu salvador.

Eu me lembro de um jovem em especial que veio à frente e chamou a minha atenção. Eu o conhecia da época em que não era cristão e fiquei muito surpreso com a forma como ele estava quebrantado e receptivo àquela mensagem. Pedi que ele não fosse embora para que pudéssemos conversar assim que o culto terminasse. Assim que ele voltou da sala de consolidação da nossa igreja, perguntei por que ele havia decidido ir à frente e entregar a sua vida para Jesus, e a sua resposta me faz pensar até hoje sobre o quanto é irresistível o Evangelho sem filtros:

"Nunca me apresentaram Jesus dessa forma". Depois dessa conversa, fiquei pensativo a respeito de quantos tipos diferentes de Jesus já haviam sido apresentados a ele até aquele dia. Mas o Jesus de Deus foi irresistível a ponto de ele correr ao Seu encontro sem pensar em mais nada.

## POSSO SER IGUAL A ALGUÉM QUE NÃO CONHEÇO?

> _Não nos é dada a liberdade de apresentar Cristo parcialmente (como homem, mas não como Deus; Sua vida, e não Sua morte; Sua cruz, mas não Sua ressurreição; como Salvador, mas não como Senhor). Nem ainda temos o direito de pedir uma resposta parcial (da mente, mas não do coração; do coração, mas não da mente; ou da mente ou do coração, mas não da vontade). Não. Nosso objetivo é ganhar o homem todo para o Cristo total, e para isso é necessário o completo consentimento de sua mente, coração e vontade.
> – John Stott

Eu me lembro de ter um conceito formado a respeito do "Jesus evangélico" através de programas de TV que falavam apenas o quanto Ele poderia enriquecer e mudar a vida financeira de pessoas. Também me impressionava a ideia de um Jesus que Se movia através de amuletos gospel e acessórios para manifestar o Seu poder, desde lenços ungidos, até sal grosso, copos d'água e coisas do tipo. Eu consigo entender que alguém que não conheça Jesus tenha um conceito estereotipado a respeito de quem Ele é, o que não faz sentido é caminharmos com Ele há anos e termos o mesmo conceito parcial a respeito da Sua identidade. Você consegue imaginar o quão difícil é a tarefa de se parecer com um Cristo que só conhecemos em parte? Alguns diriam: "Mas Cristo já foi revelado para nós por completo!". Não questiono isso, porque também creio assim, mas muitas vezes nos relacionamos apenas com algumas facetas do Seu caráter, como se ele fosse limitado.

Se levarmos em consideração a identidade do "Jesus evangélico" que é apresentado por parte da Igreja, teremos a impressão de que a "função" d'Ele é apenas nos abençoar com conquistas materiais como casa própria, carros importados, crescimento financeiro e coisas do tipo. É um Jesus que Se move em torno da Igreja distribuindo bens materiais. Algumas vezes o "Jesus evangélico" é apresentado também como alguém cuja única "função" é distribuir milagres físicos. Algumas igrejas apresentam a sua versão de Jesus como se Ele fosse um medicamento a mais disponível em nossas prateleiras. A questão é que ninguém tem relacionamento com remédios, apenas os utilizamos quando precisamos ser curados. Depois que estamos bem, eles não são mais necessários.

> _Quanto mais se consolida a imagem do "Jesus evangélico", mais distantes ficamos do "Jesus de Deus".

O interessante é que todas essas manifestações citadas acima são reais e estão disponíveis para nós! Em Cristo temos provisão para suprir todas as nossas necessidades (Filipenses 4.19) e temos liberdade para prosperar; em Cristo nossas doenças e enfermidades já foram vencidas (Isaías 53). O problema é quando eu coloco filtros sobre a imagem de Jesus e O vejo como alguém que está limitado apenas a fazer o que eu preciso dependendo da estação em que estou vivendo. Quando entendo que a "função" d'Ele é me dar isso ou aquilo, já entendi tudo errado. Jesus não tem uma função para me servir, Ele Se move por propósitos, e não por demanda.

## ESSÊNCIA DE BAUNILHA

> _Para experimentarmos vida plena, precisamos conhecer Jesus plenamente.

Ceci é extremamente prestativa, e todas as vezes em que eu e Quezinha estamos na cozinha preparando alguma coisa, ela quer se envolver e ajudar de alguma forma. Esses dias, enquanto a gente cozinhava, ela me fez uma pergunta

muito simples: "Pai, como é uma baunilha de verdade?".
Engraçado que eu não tive como responder, porque não tinha a menor ideia de como era uma baunilha. Não saberia dizer se é uma fruta, uma erva ou qualquer coisa do tipo, afinal a sua essência artificial é tudo o que eu conheço dela. Desde que eu me entendo por gente, conheço o cheiro da baunilha, ou pelo menos o cheiro que me disseram que ela tem. Conheço também o sabor da baunilha, ou pelo menos o sabor que me disseram que ela tem. Sou extremamente familiarizado com esse ingrediente e ele está presente em dezenas de coisas que eu consumo todos os dias, embora eu não tivesse a menor ideia de como era de fato.

Fiquei bastante pensativo a respeito do que aconteceu. Como eu acreditava conhecer algo há tanto tempo sem ter a menor ideia de como aquilo é de verdade? Cheguei à triste conclusão que é dessa forma que muitas pessoas têm se relacionado com Jesus também. Acreditam saber quem Ele é, como Se move e o que espera de nós, quando, na verdade, podem estar apenas familiarizadas com a imagem de um Cristo fabricado. Não podemos nos contentar com um relacionamento pautado no reflexo da imagem que nos apresentaram de Jesus. O poder do Evangelho não se resume ao encontro, mas à caminhada e às revelações que experimentamos nela. Se eu me contentar apenas com a forma como dizem que Jesus é, jamais me sentirei desafiado a buscar n'Ele as respostas para isso. Se eu me limitar a conhecer Jesus em parte, limitarei também as minhas experiências e tudo o que Ele tem reservado para mim. Por mais que esteja disponível para nós tudo aquilo que

Ele conquistou na Cruz, isso não significa que estejamos usufruindo. Você só usufrui daquilo que conhece.

## JESUS ESTEVE AQUI

O que era desde o princípio, o que ouvimos, o que vimos com os nossos olhos, o que contemplamos e as nossas mãos apalparam – isto proclamamos a respeito da Palavra da vida. A vida se manifestou; nós a vimos e dela testemunhamos, e proclamamos a vocês a vida eterna, que estava com o Pai e nos foi manifestada. (1 João 1.1-2)

Jesus foi a expressão exata da natureza de Deus. Ele revelou o caráter do Pai através de tudo o que fez e, por isso, vemos na Sua vida as marcas de um Deus que cura, restaura, renova e ama incondicionalmente. O Seu propósito é nos reconciliar com o Pai e restaurar em nós as Suas características de tal forma que, agora, tendo a Sua natureza, possamos manifestar plenamente quem Ele é, e não apenas em parte.

Eu sou apaixonado pela declaração que o apóstolo Paulo faz em Colossenses 1.27, quando revela a profundidade do chamado que temos em Cristo: "Cristo em vocês, a esperança da glória". Não parte de Cristo em nós, não apenas algumas das características do caráter de Cristo em nós, mas a revelação plena de quem Ele é. No versículo 28, ele acrescenta: "[...] a fim de que apresentemos todo homem perfeito em Cristo". Isso me deixa constrangido quando me faz pensar a respeito do tipo de discipulado que Jesus espera de nós. Só podemos apresentar todo homem perfeito em Cristo quando o todo de Cristo for revelado através de nós.

> O mistério que esteve oculto durante épocas e gerações, mas que agora foi manifestado a seus santos. A eles quis Deus dar a conhecer entre os gentios a gloriosa riqueza deste mistério, que é Cristo em vocês, a esperança da glória. Nós o proclamamos, advertindo e ensinando a cada um com toda a sabedoria, a fim de que apresentemos todo homem perfeito em Cristo.
> (Colossenses 1.26-28)

O apóstolo Paulo declara em 1 Coríntios 11.1: "Tornem-se meus imitadores, como eu o sou de Cristo". Essa declaração poderia ser interpretada como arrogante ou fruto de uma autoestima muito elevada se fosse feita por qualquer um de nós, mas, na verdade, a responsabilidade que envolve esse convite expressa a essência do discipulado, ou como ele deveria ser pelo menos. O Cristo que apresentamos através das nossas palavras sempre será confrontado com a imagem do Cristo revelado através das nossas atitudes.

Conheci, alguns anos atrás, um pastor americano que veio para o Brasil através de um projeto de missões. Depois de se apaixonar pelo nosso país, decidiu morar definitivamente aqui. A primeira vez que eu o ouvi falar sobre missões, não pude deixar de notar como aquilo incendiava quem estava próximo, dava para perceber o quanto de verdade havia naquilo que ele falava. Eu já trabalhava com jovens na época e o havia convidado para compartilhar suas experiências. Em um desses encontros, ele nos contou a história de um missionário que sempre foi desacreditado porque tinha sérias dificuldades em aprender outros idiomas. O sonho dele era falar sobre Jesus para tribos indígenas, e depois de anos buscando sem sucesso o apoio de agências missionárias que pudessem enviá-lo, ele decidiu ir por conta própria, mesmo sem falar nenhuma palavra do dialeto deles.

Vários anos depois, um grande projeto de missões foi enviado para o mesmo lugar. Com isso, foram também algumas pessoas que sabiam se comunicar através do dialeto local, e começaram então a falar sobre Jesus. Ministraram sobre a bondade de Deus e o Seu amor furioso por nós, explicaram também sobre Jesus e sobre o Seu caráter de servo, e como Ele foi capaz de se doar, abrindo mão de tudo para nos tornar completos. De fato, apresentaram um Jesus que é a expressão real do amor de Deus e está sempre de braços abertos. Depois de algum tempo ouvindo falar sobre Jesus, aqueles índios disseram que já O conheciam e que Ele havia morado com eles por anos. Inclusive, depois que faleceu, foi enterrado ali também. Os missionários não entenderam ao certo o que eles estavam dizendo e pediram para que eles mostrassem onde acreditavam que Jesus estava enterrado afinal. Aqueles índios os levaram então até o local onde o primeiro missionário foi enterrado e apontaram dizendo que ali estava o Jesus que eles haviam pregado. Por anos, aquele homem revelou Jesus a eles sem usar uma palavra.

00:00:02

ARQVP /// 2
_UDQEP

/// CAP. 2

# UM DEUS QUE É PAI

"Quando entendemos o peso da identidade do Pai, nada nos faz mais completos do que sermos simplesmente filhos."

> _Jesus conta histórias, e nós escutamos Deus contando histórias. E, quase inevitavelmente, encontramos a nós mesmos dentro das histórias.
> – Eugene H. Peterson

Jesus conta, em uma de suas parábolas mais conhecidas, a história do filho pródigo. Um jovem que rejeitou a presença do pai, deixou tudo para trás e correu em busca dos seus próprios sonhos. Depois de perder tudo o que tinha e se arrepender, ele decide voltar para casa, e a forma como o pai o recebe revela o anseio de Deus em nos ter perto de Si. Por que o filho pródigo teve acesso de novo à casa do pai? Por que ele era bom? É claro que não, ele fez tudo errado. Por causa do discurso que ele veio decorando enquanto voltava para casa? É claro que não, todos perceberam que aquele discurso era ensaiado. Então o que deu de novo acesso à casa do pai? A identidade dele como filho. Todas as vezes em que eu tenho a oportunidade de pregar o Evangelho, encaro isso de uma forma muito objetiva: vou alegrar o coração do meu Pai trazendo de volta para casa quem nunca deveria ter saído.

A mensagem central do Evangelho fala sobre paternidade. Revela um Deus que não se satisfez em apenas nos criar como se fôssemos parte de um todo, mas que nos adotou como filhos e nos tornou com Ele parte de Si. No princípio, quando Ele cria todas as coisas, faz isso pelo poder da Sua palavra; cada uma delas com um propósito específico e todas elas apontando para Sua soberania, mas quando nos criou, Deus soprou sobre nós o Seu próprio Espírito e nos encheu com a Sua própria vida. Não poderia deixar de notar que tudo o que foi criado antes de nós se revela mais à frente como sendo, na verdade, um ambiente para que, em seguida, o Homem entrasse em cena. Assim que fomos criados, Deus estabeleceu sobre nós autoridade sobre todas as coisas, como se todas elas tivessem como propósito principal servir e coexistir como um cenário para a Sua mais delicada criação, o Homem. Deus sempre deixou muito claro a profundidade da Sua relação conosco. Desde o princípio até o Calvário, sempre nos dando nuances do quanto somos importantes para Ele, a despeito de toda nossa limitação e fragilidade. Por mais que possamos ter alguma ideia acerca do quanto somos importantes para Ele, não temos compreensão sobre a profundidade que é representarmos Deus diante de toda a criação. Não podemos fechar os olhos para algo que está tão claro: Deus criou tudo o que existe, mas foi por nós que Ele Se entregou. Em Sua relação conosco, existe muito mais do que o carinho de um Criador pela sua feitura, mas o amor de um Pai pelos seus filhos.

Muitas vezes, entendemos que o nosso chamado é a nossa principal característica e que ele revela quem somos, mas isso é um engano. Nossa identidade não é fruto do nosso chamado, assim como a importância de um filho para os seus pais não é fruto do tipo de trabalho que ele exerce depois que chega à vida adulta. O que estabelece a nossa identidade é o simples fato de sermos filhos, e não só isso, mas sermos filhos de Deus. Ele, desde o início, tem expectativa de que possamos, diante de toda a criação, revelar quem Ele é. Somos mais do que representantes do Reino, somos também a expressão do Pai.

## UM DEUS QUE NÃO SABE PERDER

Participei algum tempo atrás de um enterro de alguém bem próximo da minha família. Estávamos ainda muito surpresos com a perda tão repentina dessa pessoa; ela era muito querida por todos nós e era mãe de um amigo mais chegado que um irmão. Pensei em centenas de coisas para compartilhar com ele naquele momento, mas nada do que eu falasse parecia ser melhor do que o meu silêncio. Fiquei ali por alguns minutos refletindo sobre a dor de perder alguém que nós amamos. Vivemos como se nunca fôssemos perder ninguém, do contrário, não teria sentido levarmos a vida dando tão pouca atenção para pessoas que são importantes para nós, até que um dia alguns são surpreendidos com a notícia de que essa pessoa não está mais aqui. Entendo que isso é muito mais um reflexo da nossa essência do que qualquer outra coisa. Fomos gerados por Deus para sermos eternos, e por isso não faz parte da nossa natureza perder ninguém. Nenhum de nós está preparado para isso, porque, na verdade, não deveria ser assim. Cheguei a duas conclusões importantes naquele dia. A primeira é que nós realmente não suportamos a dor da separação. A segunda conclusão é que Deus também não suportou.

> Então disse o Senhor Deus: "Agora o homem se tornou como um de nós, conhecendo o bem e o mal. Não se deve, pois, permitir que ele também tome do fruto da árvore da vida e o coma, e viva para sempre". Por isso o Senhor Deus o mandou embora do jardim do Éden para cultivar o solo do qual fora tirado. Depois de expulsar o homem, colocou a leste do jardim do Éden querubins e uma espada flamejante que se movia, guardando o caminho para a árvore da vida. (Gênesis 3.22-24)

Quando a criação se perdeu através do pecado de Adão, aquilo que Deus tanto amava agora não podia mais ter acesso direto a Ele, nossa natureza caída feria a Sua santidade Assim que o homem foi expulso do Éden, Deus colocou querubins e uma espada flamejante que se movia para proteger o acesso à Árvore da Vida. Antes da minha conversão, a imagem que eu tinha a respeito de Deus estava muito ligada a alguém que está sempre pronto para me castigar se eu fizer alguma coisa errada. E sempre que eu lia esse trecho de Gênesis, imaginava através dessa postura um Deus furioso que estava revoltado com o nosso pecado de tal forma que queria garantir que não tivéssemos mais acesso à Árvore da Vida. Mas, na verdade, Ele estava garantindo que se mantivesse seguro o propósito de nos ter perto novamente. Deixe-me explicar isso um pouco melhor. A Bíblia afirma que, pelo pecado de um só homem, todos nos tornamos pecadores, mas no princípio fomos feitos à imagem e semelhança de Deus. O pecado desfigurou a natureza d'Ele em nós, e a nossa natureza então se tornou pecadora. Quando Deus limitou o acesso do homem à Árvore da Vida, Ele estava, na verdade, impedindo que aquela condição pecadora do Homem se tornasse eterna. Só que, através de Jesus, a natureza de Deus em nós foi restaurada, e agora, sendo justificados, nós passamos a ter acesso novamente à vida eterna. Por meio da redenção, Jesus restaurou tudo o que o pecado havia retirado de nós, tanto a natureza de Deus como nossa identidade de filhos, santidade, promessas, características e semelhança. Por isso, a Palavra afirma que aqueles que estão em Cristo neste mundo são assim como Ele é! Cristo nos reconciliou com o Pai e nos trouxe de volta para o projeto original de Deus.

> Se pela transgressão de um só a morte reinou por meio dele, muito mais aqueles que recebem de Deus a imensa provisão da graça e a dádiva da justiça reinarão em vida por meio de um único homem, Jesus Cristo. Consequentemente, assim como uma só transgressão resultou na condenação de todos os homens, assim também um só ato de justiça resultou na justificação que traz vida a todos os homens. Logo, assim como por meio da desobediência de um só homem muitos foram feitos pecadores, assim também, por meio da obediência de um único homem muitos serão feitos justos. (Romanos 5.17-19)

## O PREÇO DE UM RESGATE

Há muito tempo, assisti a um filme chamado *O preço de um resgate*. Eu tinha oito anos na época e mesmo assim me lembro de algumas cenas até hoje. O personagem principal é representado por Mel Gibson, e o filme conta a história de um empresário que tem o seu filho sequestrado e vai até as últimas consequências para ter o seu filho de volta. Quando falamos sobre redenção, falamos basicamente de um resgate, e entender o que significa isso vai determinar como nos portamos diante do que Jesus fez por nós. Existe uma diferença enorme entre conquistar algo ou resgatar algo, já pensou sobre isso? Quando conquistamos alguma coisa, significa que agora passamos a ter direito sobre algo que não nos pertencia, esse é basicamente o conceito de conquista; mas o sacrifício de Jesus por nós não tinha como propósito conquistar algo novo, mas resgatar algo que sempre foi Seu. Jesus trouxe novamente para perto do Pai quem nunca deveria ter saído.

> _O Filho de Deus tornou-se homem para possibilitar que os homens se tornassem filhos de Deus.
> — C. S. Lewis

Fomos gerados por Deus e desejados por Ele desde antes da criação do mundo, e isso significa que não somos um erro, não somos um acidente de percurso ou qualquer coisa do tipo, até porque ninguém morreria para resgatar para si algo que não tem importância. Costumo dizer que, se Deus desejasse abrir mão de toda a criação depois do nosso pecado, Ele poderia simplesmente apagar esse trecho da História e começar tudo do zero, como se nada tivesse acontecido. E se a criação caísse novamente, Ele poderia destruir tudo e reconstruir quantas vezes quisesse. Com certeza, nós faríamos isso se estivéssemos no lugar d'Ele, mas por que Deus não abortou o projeto da criação? Porque Deus não aborta você! Ele jamais abortaria você. Ele sonhou com cada um de nós antes que tudo ao nosso redor existisse. Parece desnecessário ter que "explicar" que não somos frutos do acaso, afinal todos sabemos que estamos aqui de propósito, certo? Não, infelizmente nem todos sabem disso. Tenho visto um número cada vez maior de pessoas com crise de identidade ou crise existencial até mesmo dentro das igrejas porque não descobriram ainda o seu propósito ou o seu chamado, e acreditam que, enquanto não descobrirem isso, não se sentirão completas. A pergunta certa não é: "Para que eu nasci?", porque ela nos dá a ideia de que nascemos para fazer algo, e enquanto não estivermos fazendo isso, nos sentiremos infelizes. A pergunta que eu quero propor a você é: "Para quem eu nasci?". Apesar dessa pergunta parecer um pouco sem sentido à primeira vista, ela responde perfeitamente grande parte dos nossos anseios. Eu nasci para Ele, e a única coisa que preenche todo o meu vazio é estar na Sua presença.

## PODE ME CHAMAR DE "FILHÃO"

Sempre tive uma relação muito próxima com meus pais e sempre vi neles um porto seguro. Acredito que o motivo de eu desejar ser pai desde quando era bem jovem é por conta desse ambiente em que fui criado. Quando morava ainda com eles, me sentia mais à vontade para compartilhar com minha mãe alguns assuntos (isso sempre gerava ciúmes no meu pai), em outros casos eu procurava o meu pai para conversar e dizer tudo o que eu estava sentindo. Mas, na maioria das vezes, eu me abria com ambos e nunca me senti desconfortável com essa ideia; na verdade entendo que não tem por que ser diferente. Dentro do projeto que Deus tem para uma família, os pais representam um lugar seguro em meio a todos os desafios que enfrentamos enquanto crescemos. Antes de eu ter um encontro com Deus e me render a Ele, não sabia muitas coisas a respeito de como Deus era, mas eu sempre soube como um pai era. Lembro que durante a minha infância, em vários momentos, o meu pai tentou me fazer entender o quanto eu era amado por ele. Não foram poucas as vezes em que ele me chamou pra conversar e disse: "Filho, papai te ama tanto que se fosse preciso morrer por você eu faria isso". Outras vezes ouvia dele também que, se fosse necessário, ele tiraria todo o seu sangue e daria para me salvar. Hoje eu sou pai e entendo o quanto é difícil explicar para os nossos filhos a profundidade do amor que sentimos por eles. Por mais que nos esforcemos para isso, excede à capacidade de todo filho entender a fúria do amor de um pai, até que um dia ele seja pai também.

Além disso, tenho vivido experiências incríveis na implantação da nossa igreja em minha cidade natal, Cabo Frio. Toda semana, eu, Quezinha e Ceci viajamos até lá para dirigir os cultos e depois dormimos na casa dos meus pais. E é sempre muito bom quando a gente se encontra. Temos a oportunidade de conversar e contar um pouco de tudo o que tem acontecido durante a nossa semana, e Ceci aproveita também para curtir o carinho dos avós. Em um desses encontros, eu tive uma experiência com meu pai que me impactou demais. Nós havíamos acabado de chegar na casa deles, ele me abraçou e disse: "Como você tá, pastorzão?". Eu me lembro de ter ficado um pouco incomodado com ele me chamando de "pastorzão", mas, para ser sincero, nem eu entendi muito bem o porquê. Nós nos sentamos para tomar café e depois de conversarmos um pouco ele me chamou novamente de pastor, e aquilo continuou me incomodando. "Pode me chamar de 'filhão'", eu disse para ele. Nós ficamos um bom tempo conversando e ele, sem perceber, continuava me chamando assim. Foi muito confuso para mim me sentir desconfortável com aquilo, afinal, não fazia sentido ficar incomodado com algo tão simples. Depois de sondar meu coração, entendi o porquê. A questão é que qualquer um, em qualquer lugar, pode me chamar de pastor – isso é a coisa mais comum do mundo – mas só ele pode me chamar de filho. Eu não abriria mão disso por nada.

PLAY ▶  CAP_ 2

> _Quando entendemos o peso da identidade do Pai, nada nos faz mais completos do que sermos, simplesmente, filhos.

00:00:03

ARQVP /// 3
_PE

/// CAP. 3

# PSEUDO EVANGELHO

"Alguns têm diluído a mensagem do Evangelho no intuito de alcançar mais pessoas, mas do que adianta ter mais pessoas bebendo algo que não tem mais poder para curar?"

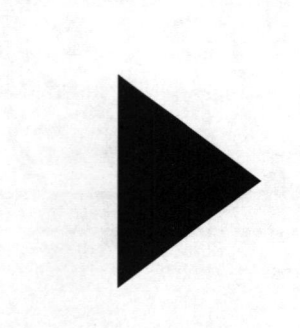

▶

> _Se você crê somente naquilo que gosta no Evangelho e rejeita o que não gosta, não é no Evangelho que você crê, mas, sim, em si mesmo.
> — Agostinho

O Homem não é o centro da mensagem do Evangelho, por mais que muitas vezes possamos pensar assim. Na verdade, o amor de Deus pelo Homem é. Em João 3.16, a Palavra revela o amor furioso de Deus por nós: "Porque Deus tanto amou o mundo que deu o seu Filho Unigênito, para que todo o que nele crer não pereça, mas tenha a vida eterna". O Evangelho é a verdade de Deus à espera de um coração quebrantado para se manifestar. Em resumo, o Evangelho é uma história de amor.

Todos os dias, somos convidados de forma muito sutil a nos colocar no centro dessa mensagem, como se Jesus Se resumisse a alguém com o propósito de fazer tudo o que precisamos. Para muitos cristãos, a comparação entre Jesus e o gênio da lâmpada é totalmente ridícula pelo simples fato de, na história do gênio, serem concedidos apenas três desejos para que ele realizasse. Se eu entendo que o Evangelho gira em torno de mim, é comum me frustrar quando as coisas não funcionam do jeito que eu esperava. Quando eu entendo que o Evangelho fala a respeito do amor de Deus pela criação, consigo entender a frustração de Deus quando o pecado mudou o curso da História.

PLAY ▶    CAP_ 3

> _A Bíblia fala no tom de voz do próprio Deus.
> — Charles Spurgeon

## SÓ QUERO O MEU LEITE

A forma como nos relacionamos com as verdades do Evangelho vão influenciar diretamente a saúde do nosso relacionamento com Deus. Isso me faz lembrar de algo que ouvi certa vez sobre a relação entre o bebê e a mãe. O bebê ainda não tem bem definida a sua identidade, muito menos consciência acerca da identidade da mãe. Sua relação é pautada pela carência que ele tem pelo leite. É algo instintivo, já faz parte dele e não depende de nenhum estímulo externo; o cheiro do leite da mãe é como um imã para ele. À medida que o bebê vai discernindo e entendendo sua identidade como filho e a identidade da sua mãe, passa então a desenvolver afeto por ela. O que aprendo com isso é que minha relação com Deus também não é diferente. Eu deixo de pautar meu relacionamento com Ele nas minhas carências à medida que tenho definida a minha identidade e quem Ele é para mim.

Por que há tantos cristãos com crise existencial e todo tipo de carência emocional? Por que existem tantas pessoas abandonando o convívio com a Igreja, insatisfeitas com a atenção que receberam por parte de sua liderança ou de pessoas próximas? Por que há tantas pessoas feridas com expectativas que foram frustradas? Porque enquanto minha identidade não estiver firmada, eu vou sempre buscar no outro aquilo que falta dentro de mim. A paz que excede todo entendimento se revela em meio ao nosso vazio existencial, declarando que somos amados e desejados por Ele. Isso é suficiente!

> _Quando não temos consciência acerca de quem somos, agimos segundo as nossas carências. Eu não me aproximo d'Ele para receber o que eu quero, mas para entender o que Ele quer!

O apóstolo Paulo declara: "aprendi a adaptar-me a toda e qualquer circunstância" (Filipenses 4.11). Ou seja, não me movo mais pelas minhas carências e necessidades, pois aprendi a viver em meio a elas. Em Cristo, alcançamos vida plena, e isso faz com que todo vazio seja preenchido. Entendo que esse não é o ponto final, é na verdade o ponto de partida em busca de um propósito maior. Quando nos colocamos no centro da mensagem do Evangelho, nos frustramos quando algumas coisas acontecem de forma diferente daquilo que esperávamos. Esse é um sintoma clássico de quem acredita que tudo no reino gira ao seu redor. O equilíbrio na nossa caminhada depende de Cristo como sendo o centro dela. Quando O amarmos adequadamente, todas as outras coisas terão seu valor redefinido proporcionalmente.

Não se ver como o centro do Evangelho não significa pensar menos de si mesmo, mas pensar menos em si mesmo. Quando compreendemos que o amor de Deus por nós é tão intenso, a ponto de Ele ter aberto mão do Seu filho para nos ter de volta, temos segurança suficiente de que Ele é o maior interessado em nos cercar de cuidado.

> Aquele que não poupou a seu próprio Filho, mas o entregou por todos nós, como não nos dará juntamente com ele, e de graça, todas as coisas? (Romanos 8.32)

## QUEM MENTIU PARA A GENTE?

> _Somos tão presunçosos que desejaríamos ser conhecidos em todo o mundo [...] E tão vaidosos que a estima de cinco ou seis pessoas que nos rodeiam nos alegra e nos satisfaz.
> — Blaise Pascal

Por que é cada vez mais comum vermos cristãos se colocando no centro do Evangelho como se tudo apontasse para eles? Porque é basicamente essa a mensagem que tem bombardeado a nossa geração. Um "evangelho" egocêntrico que se distancia de Cristo na mesma velocidade com que se aproxima daquilo que queremos ouvir. Tem-se viralizado uma mensagem tão cercada de facilidades e comodismo que anula o ponto central do Evangelho genuíno, que é rejeitar o que nos tornamos para ser exatamente quem Deus sempre desejou que fôssemos. A Bíblia não é uma caixinha de promessas. Aprendi que é impossível misturar algo sem alterar a essência. Na verdade, nem precisa ser muito esperto pra saber disso: um pouco de Evangelho com um pouco de "qualquer coisa" é igual a Evangelho nenhum.

> _Alguns têm diluído a mensagem do Evangelho no intuito de alcançar mais pessoas, mas do que adianta ter mais pessoas bebendo algo que não tem mais poder para curar?

Lembro que recebi uma crítica certa vez que me deixou impactado demais, e extremamente feliz também, sem dúvida. Um jovem me procurou ao final do culto, e enquanto conversávamos sobre a mensagem que eu havia pregado naquela noite, ele me disse em tom quase de reclamação: "Você é muito cristocêntrico". Fiquei intrigado em imaginar o que ele esperava de um pregador cristão.

Acho incrível todo tipo de técnica e ferramentas disponíveis para auxiliar homens e negócios a crescerem e se desenvolverem. *Coaches* e palestrantes têm uma capacidade impressionante de nos motivar e catalisar nossas qualidades para que a gente alcance a máxima performance. O que me preocupa é perceber o quanto essas técnicas e linguagens têm encantado quem carrega dentro de si o chamado de transformar pessoas através da loucura da pregação.

Quando substituo o poder transformador do Evangelho por uma série de fórmulas mágicas e conceitos de autoajuda, estou rebaixando a mensagem da cruz ao mesmo nível de palestras motivacionais. É muito simples identificar quando alguém ministra sobre algo que é uma verdade ou está apenas compartilhando informação. Toda mensagem que não carrega Jesus como sendo o centro dela é apenas entretenimento, nos distrai dando a falsa impressão que nos alimenta.

> Visto que, na sabedoria de Deus, o mundo não o conheceu por meio da sabedoria humana, agradou a Deus salvar aqueles que creem por meio da loucura da pregação.
> (1 Coríntios 1.21)

## JESUS ERA EVANGELÍSTICO?

Em João 6, vemos um momento marcante no ministério de Jesus em que Ele Se posiciona de forma dura diante da multidão. Ele percebe que a multidão começa a segui-lO em busca de pão para saciar a sua fome, e então faz um discurso que escandaliza muitos dos que estavam ouvindo:

A verdade é que vocês estão me procurando, não porque viram os sinais miraculosos, mas porque comeram os pães e ficaram satisfeitos. (João 6.26)

Daquela hora em diante, muitos dos seus discípulos voltaram atrás e deixaram de segui-lo. Jesus perguntou aos Doze: "Vocês também não querem ir?". (João 6.66-67)

Enquanto eu lia essa passagem, tentei imaginar exatamente essa cena; a multidão se dispersando e centenas de pessoas abandonando Jesus, porque as Suas palavras geraram confronto e trouxeram uma reflexão sobre a real motivação com que buscavam o filho de Deus.

Jesus é a essência do Evangelho e toda a Palavra gira em torno da revelação de quem Ele é. Não temos dúvidas quanto a isso, mas acredito que, se Jesus pregasse essa mesma mensagem nos dias de hoje, ela não seria considerada "evangelística", por mais paradoxal que isso pareça. Na verdade, muitos têm entendido que uma pregação evangelística é aquela capaz de atrair as multidões. Jesus, por sua vez, deixa claro que uma pregação evangelística é aquela que transforma através das verdades do Evangelho. Nada menos que isso.

Senhor, para quem iremos? Tu tens as palavras de vida eterna. (João 6.68)

Há mais de dois mil anos, o apóstolo Paulo já exortava a Igreja para que estivesse sensível a como o Evangelho estava sendo pregado e para que nada fosse acrescentado ou alterado. Dois mil anos se passaram e parece que esse alerta faz mais sentido do que nunca. Leonard Ravenhill, em seu clássico livro *Porque tarda o pleno avivamento*, faz uma reflexão a respeito disso: "A grande tragédia de nossos dias é que existem muitos pregadores sem vida, no púlpito, entregando sermões sem vida a ouvintes sem vida".

Tenho visto alguns tipos de "evangelho" sendo pregado ultimamente e selecionei alguns dentre os que mais me chamam a atenção. As universidades, por exemplo, têm sido alvo de um "evangelho filosófico", que é cercado de nuances de erudição e termos complexos, mas que, na verdade, não passa de um esforço para tornar inacessível a mensagem, como se complexidade estivesse ligada à profundidade. Existe também o "evangelho teologicocêntrico", que celebra o conhecimento e a informação de tal forma que acaba construindo altares enquanto milita para desconstruir outros. Mas um dos que mais me constrange é o "evangelho místico", que também tem sido muito disseminado. As bases dele estão ligadas a amuletos como sal grosso, rosa ungida e outros apetrechos, como se os céus se movessem em torno de um monte de bugigangas lavadas com "óleo da unção". Não poderia me esquecer também do "evangelho do entretenimento", pautado em distrair enquanto deveria transformar. Esse é um dos mais promissores em meio à nossa geração, distraída demais para perceber que... Perceber o que mesmo?

> _Nossa dependência deve estar na Palavra, não nos pregadores dela.

## PURO COMO UM BOM CAFÉ

Tenho profunda admiração por um pastor chamado Luciano Subirá. Ele tem construído seu ministério pautado na pregação e estudo do Evangelho de forma simples e livre de distorções. Algum tempo atrás, o trouxemos em uma de nossas conferências, e como eu estava dirigindo o culto nesse dia, tive o prazer de levá-lo para almoçar. Absorvi tudo o que pude durante aquela conversa e, depois que terminamos de comer, pedi um café expresso como de costume. Assim que nosso café chegou, reparei que ele não usou açúcar nem adoçante, e eu perguntei como ele conseguia gostar de tomar café sem nada que o adoçasse. Ele me contou, então, uma boa história para explicar como chegou até aquele ponto.

Durante muito tempo, ele só tomava café com açúcar, mas precisou mudar seus hábitos por conta da taxa de glicose. Enquanto se adaptava a utilizar adoçante, conheceu uma marca importada que não incomodava tanto o paladar e, depois de um tempo, ele só conseguia tomar café adoçando dessa forma. Contou que, durante uma viagem que fez com sua família para a Europa, preferiu não levar o adoçante porque planejava comprá--lo assim que chegasse lá, mas, para a sua surpresa, não o encontrou em nenhum lugar. Depois de algum tempo procurando, foi obrigado a se render ao sabor do café puro, sem nada que o adoçasse. Assim que eles retornaram ao Brasil e chegaram em casa, ele correu para a sua máquina de café expresso, preparou o seu café e finalmente adoçou com o seu adoçante preferido. Mas, para a sua surpresa, o gosto dele agora parecia insuportável. O que aconteceu com ele na verdade foi um processo de desintoxicação em relação ao sabor real do café.

É exatamente assim que funciona a nossa relação com a Palavra também. Assim que começamos a experimentá--la, aceitamos todo tipo de mistura, porque não sabemos ao certo o que faz parte dela e o que foi acrescentado. No início da nossa caminhada, celebramos pregações que ouvimos, mesmo que não tenham muita base na Palavra; lemos e consumimos muitas coisas que não são genuínas enquanto estamos em busca de mais profundidade e conhecimento da Bíblia. Mas chega um momento (pelo menos deveria chegar) em que não suportamos mais nenhum tipo de mistura, por melhor que isso pudesse parecer no início. E aí começa então um tipo de relacionamento com a Palavra que nada além dela consegue suprir.

## O LIVRO DA PEPPA

_Não somos medíocres quando conhecemos pouco a Palavra, mas quando nos contentamos com isso!

A Bíblia pode ser um dos livros mais chatos que você já leu ou pode ser a maior fonte de inspiração da sua história. Tudo depende da perspectiva com que você olha para ela. Quando acreditamos que ela se resume a um manual de instruções e regras, é comum termos sono todas as vezes que paramos para ler um pouco. Na verdade, ninguém tem prazer em passar horas lendo manuais de instrução.

Porém, quando entendemos que a Bíblia é o próprio Deus Se revelando para nós através da Sua Palavra, nunca mais conseguimos olhar para ela de outra forma. Acredito que a falta desse entendimento tem feito com que muitas pessoas se contentem em caminhar a vida inteira pautando os fundamentos da sua fé em princípios rasos. Quando não criamos raízes fortes na Palavra, investindo tempo nas suas bases, estamos sujeitos a ser levados por todo vento de doutrina.

Esses dias, eu estava brincando com a Ceci, e ela queria ler para mim algumas histórias (o mais incrível nisso tudo é que ela não aprendeu a ler ainda). Nós nos sentamos no chão, e ela pegou um dos seus livros preferidos, de uma porquinha que se chama Peppa. Abriu nas primeiras páginas e começou a "ler". Ela olhava para cada figura e personagem e me falava com convicção sobre o que ela imaginava que estava sendo contado em cada página. Isso a deixava superenvolvida e feliz.

O problema é que tenho visto muitas pessoas se relacionando com a Bíblia da mesma forma que a Ceci se relaciona com aqueles livros. Olham para ela, têm uma ideia preestabelecida a respeito do que a Palavra diz e se satisfazem com isso.

Por mais estúpida que essa comparação possa parecer, gostaria de propor uma reflexão: qual a diferença entre o livro da Peppa para a Cecília e a Palavra para quem não busca entendê-la? Uma multidão tem sido influenciada por um pseudoevangelho, raso e sem fundamentos, misturado e cheio de contradições, vazio de Deus e cheio de si, que revela muito mais o que desejamos ouvir do que aquilo que Ele deseja falar de fato. Isso, na verdade, só acontece quando limitamos o nosso contato com a Palavra apenas aos momentos do culto em que o pregador diz: "Abra a sua Bíblia, por favor, em [...]".

## SÓ DEPENDE DE VOCÊ... SERÁ?

> _No entusiasmo de ter uma experiência pessoal, a espiritualidade se desvia imperceptivelmente da Bíblia, seu texto fundamental, e aceita o mundo convidativo da autoajuda.
> — Eugene Peterson

Você já deve ter lido ou assistido a alguma pregação que o faz acreditar que tudo o que você precisa só depende de você. Esse tipo de mensagem transfere a minha expectativa para aquilo que eu mesmo posso fazer, e é aí que mora o perigo. Isso pode me inspirar, motivar e até animar, mas não me transforma. O "evangelho de autoajuda" tira a centralidade de Deus como sendo o provedor de tudo aquilo que necessitamos e O coloca à margem disso, como mero espectador daquilo que estamos construindo com a força do nosso braço (muitas vezes, nem tão forte assim).

> _Se a dependência foi adequada para o Deus do Universo, certamente é apropriada para nós!
> — John Stott

Assim que tive meu encontro com Jesus e comecei a caminhar com Ele, entendi que tudo o que eu precisava para ter uma vida extraordinária era ser ousado e empreender, dar os primeiros passos e Deus construiria o caminho que eu percorreria. Quando temos esse tipo de pensamento, é comum tomarmos decisões por impulso, ou por mera intuição, e depois buscarmos em Deus a bênção para que esse projeto prospere. Perdi a conta do número de coisas que comecei a fazer e até mesmo projetos que comecei a me dedicar sem ao menos buscar em Deus direção a respeito do que estava fazendo. Mesmo assim, eu sempre tinha expectativa de que Ele respaldasse meus impulsos, projetos e sonhos.

Hoje entendo que buscar a bênção de Deus sobre qualquer projeto ou sonho que eu tenha é o segundo passo. Na verdade, buscar n'Ele direção sobre quais projetos entrar antes mesmo de começar me livra de uma quantidade enorme de frustrações. Seria incrível se tudo o que desejamos viver e cada sonho ou projeto nosso dependessem apenas da nossa motivação e força de vontade, mas não é assim que funciona. O poder de Deus se revela em meio às minhas fraquezas, por isso, o entendimento a respeito das minhas limitações é poderoso.

> Eu sou a videira; vocês são os ramos. Se alguém permanecer em mim e eu nele, esse dá muito fruto; pois sem mim vocês não podem fazer coisa alguma. (João 15.5)

Já imaginou se alguns homens que marcaram a História acreditassem que tudo o que precisavam dependia apenas deles? Acredito que a História da Igreja seria bem diferente da que conhecemos. Imagine, por exemplo, Daniel em meio à cova dos leões tentando utilizar técnicas de autoajuda para se proteger dos ataques. Seria ridículo imaginar Daniel olhando para os leões e tentando lembrar os "5 passos para..." da última pregação que ele havia ouvido. Além disso, em Hebreus 11, vemos uma apresentação da galeria da fé, citando alguns heróis da fé que marcaram o seu tempo, transformaram o curso da História, manifestaram o poder de Deus, conquistaram reinos, e o seu legado ecoa até hoje. Todos tiveram uma vida marcada pela fé, não em si mesmos ou em suas habilidades. Eles dependeram do agir de Deus em cada passo que deram.

Para ser bem sincero, me assustaria a ideia de depender de mim novamente para que as coisas fossem melhores, porque era exatamente assim que eu vivia antes de conhecer Jesus. Eu já tentava fazer tudo do meu jeito e segundo as minhas motivações e vontades. E sabe o que eu descobri? Não dá certo!

00:00:04

nandes. : ////
ue
tsa //

chapter
198 8
andré fernandes. : ////

A respos
    ta que
voce precisa //

:18

ARQVP /// 4
_MOMDS

are fernande... ////

/// CAP. 4

# MUDAR O MUNDO DO SOFÁ

> "Uma característica simples a respeito das obras é que, se elas forem genuínas, sempre apontarão para o Pai, nunca para si."

> _O mundo está faminto, só não sabe de quê. Nós somos aqueles que vão apresentar a única coisa capaz de saciá-lo.

Tudo bem, eu sei que o título deste capítulo parece ser exagerado. Mas já que chegamos até aqui, deixe-me compartilhar algumas coisas com você a respeito disso. Aprendi algo precioso com um pastor que eu admiro muito: antes de nos levantarmos para falar, precisamos conquistar o direito de sermos ouvidos. A *internet*, na verdade, não leva esse princípio nada a sério. Qualquer um hoje tem a possibilidade de se comunicar com uma quantidade absurda de pessoas e influenciá-las sem que necessariamente tenha nada relevante para dizer. Eu não sou contrário às redes sociais e à força que elas têm; o problema não são essas redes, afinal a forma como as utilizamos é apenas reflexo de como nos movemos. O que parece estranho para mim é ver todos os dias ministérios que passam mais tempo focados na construção da sua relevância digital do que na construção de uma história de verdade.

É estranho ver uma nova "geração de pastores" se levantando com mais desenvoltura em utilizar aplicativos de edição de imagem e filtros do que em lidar com as ovelhas. É estranho ver um número assustador de movimentos sendo criados todos os dias por pessoas que não construíram uma história nem em sua igreja local ainda e querem alcançar as nações. É estranho perceber que pessoas têm se preocupado mais com a história que passam para os outros do que com a história que vivem entre um post e outro. É estranho ver o quanto o virtual afeta nossa rotina, a ponto de transformar literalmente a forma como lidamos com o outro e, principalmente, a forma como lidamos com nós mesmos. É estranho ver uma geração que acreditou na mentira de que é possível mudar o mundo do sofá.

## EXISTE VIDA ALÉM DA SUA TIMELINE

Já que são os nossos frutos que revelam a nossa identidade, precisamos dar menos importância ao nosso discurso. Nossa geração é extremamente midiática, conseguimos compartilhar informação em tempo real, compartilhamos nossa história, intimidade, ideias, projetos e tudo que envolve o nosso dia a dia. Nenhuma outra geração foi tão exposta a isso como a nossa, nenhuma outra se expôs tanto também. O ponto chave é que comunicamos apenas aquilo que é conveniente. Nós selecionamos, editamos, filtramos e postamos tudo o que queremos, construindo pouco a pouco uma imagem pautada basicamente em torno disso. Se uma imagem fala mais do que mil palavras, não temos encontrado dificuldade em transmitir ideias, as compartilhamos por todo lugar. A questão é que ainda assim continuam sendo apenas ideias. Nossa geração precisa entender que não dá para se contentar somente com aquilo que a gente mostra, isso precisa ser reflexo daquilo que a gente vive também.

Mas apesar de ser estranho olhar para esse cenário, esse é o desafio da nossa geração, se ficarmos apenas olhando para ele e analisando o quanto ele é estranho não vai mudar nada. A Igreja, em toda a História, sempre foi um dos maiores agentes de contracultura em suas respectivas gerações, e na nossa não será diferente. A forma como a Igreja vai lidar com isso vai determinar muitas coisas. Precisamos transformar essa realidade, mas combater as ferramentas digitais não é o caminho porque possuí-las de fato não é um problema, o problema é quando elas passam a nos possuir. Eu tenho aprendido que nada é capaz de nos afetar mais do que as experiências que vivemos, porque elas vão respaldar ou desconstruir tudo o que pensamos. As experiências nos transportam do mundo da imaginação para o mundo real em segundos. Nenhum herói da fé recebeu esse título porque compartilhava ideias, nenhum deles chegou ao final da carreira e guardou a fé sem que carregasse em si as marcas de uma história com Deus. Eles construíram a História que hoje os livros contam.

Eu estava olhando algumas fotos de projetos de missões que participei anos atrás, e uma delas em especial me transportou para aquele tempo. Era a foto do filho de um pastor local, com as roupas rasgadas e os dentes marcados por cáries, e ao fundo uma igreja de "chão batido" com pouco mais de 60m², construída com algumas estacas de madeira e um telhado de amianto (tão quebrado que dava aos fiéis a oportunidade de contemplar as estrelas durante o culto). Nessa viagem, fomos marcados de diversas formas e através de inúmeras experiências, e uma delas em especial envolveu a família do pastor que nos recebeu. Eu estava com alguns jovens nesse projeto e nós havíamos chegado da rua com algumas coisas que compramos para jantar. Colocamos tudo na mesa e convidamos o pastor e a sua família para comerem com a gente também, eles agradeceram e disseram que já haviam jantado e estavam satisfeitos. Nós ainda insistimos um pouco, mas sem sucesso. Depois de comermos, deixamos o que sobrou do jantar sobre a mesa e fomos para os quartos dormir. Durante a noite percebemos uma movimentação discreta na casa, um dos jovens se levantou para ver o que estava acontecendo e, quando se aproximou da cozinha, viu o pastor com a sua esposa e os seus filhos comendo o que havia sobrado. Aquilo me constrangeu profundamente, ver um pai de família, dedicado à obra, passando por uma situação tão humilhante quanto aquela, ao mesmo tempo que me edificou profundamente ver neles a síntese do que o apóstolo Paulo declarou, "posso todas as coisas naquele que me fortalece".

Algumas dessas realidades, sem dúvida, moldaram o meu caráter e influenciaram profundamente a minha percepção a respeito de chamado e propósito. Elas fazem com que você se torne insensível àquilo que não tem importância e passe a valorizar mais o que realmente importa. Mas tudo isso só se tornou real quando saiu do campo das ideias e invadiu o meu mundo. Francis Chan fala em um de seus livros sobre a forma como nós encaramos o convite de Jesus nos dias de hoje, como se a "cruz" da sociedade moderna se resumisse a contas a pagar e a dificuldades rotineiras quando, na verdade, isso faz parte do dia a dia de qualquer um. Não teríamos acesso às cartas que Paulo escreveu na prisão, por exemplo, se ele entendesse que os desafios da sua caminhada com Deus se resumiam às contas a pagar no seu negócio de tendas.

> _"Tomar a minha cruz" se tornou um eufemismo para "enfrentar os típicos fardos da vida como atitude quase positiva". No entanto, os fardos típicos da vida – agenda lotada, contas a pagar, doença, decisões difíceis, pagamento da faculdade, perda do emprego, casa não vendida e a morte do cachorro da família – são enfrentados por todos, mesmo aqueles que não seguem o caminho de Jesus. Quando Jesus nos convoca a carregar a nossa cruz, Ele está fazendo muito mais do que nos chamando para suportar os problemas diários e circunstanciais da vida. Trata-se de um chamado para viver uma fé radical.
>
> – Francis Chan

Tenho muito temor em compartilhar verdades sobre o Evangelho, porque entendo que elas precisam ter me marcado de alguma forma antes de eu me levantar para exortar a respeito delas. As pessoas percebem quando aquilo que falamos é uma verdade primeiro em nós.

A nossa geração não vai ser transformada por "teólogos do YouTube" ou "ativistas do Instagram", mas por um Evangelho que sai do campo ideológico, invade as trincheiras e toma as ruas. Essa revolução que tanto ansiamos vai acontecer quando se tornar real dentro de nós. Jesus foi um agente de transformação em Seu tempo, e antes de dividir a História da criação em duas partes, através do Seu sacrifício na cruz, ele afetou a história cotidiana de quem estava perto de si. O Filho de Deus Se revelou a nós primeiro como filho de Maria e José, e antes de marcar as cidades ao Seu redor, Ele construiu uma história dentro de Sua própria casa. Eu creio que Jesus poderia ter acelerado as coisas e iniciado o Seu ministério quando ainda era uma criança, porém Ele veio para ser o nosso modelo e nos ensinar a caminhar com Deus. Jesus não abriu mão do processo, porque entendia que isso fazia parte do propósito.

> Se eu não realizo as obras do meu Pai, não creiam em mim. Mas se as realizo, mesmo que não creiam em mim, creiam nas obras, para que possam saber e entender que o Pai está em mim, e eu no Pai. (João 10.37-38)

Em João 10, versículos 37 e 38, vemos Jesus sendo perseguido e questionado por religiosos que O cercavam; alguns versículos antes, o autor menciona, inclusive, que os judeus começaram a pegar pedras para apedrejá-lO. Um dos maiores pontos de conflito entre os religiosos da época e Jesus é que eles tinham conhecimento a respeito da Palavra de Deus, mas não tinham frutos que apontassem para ela. À medida que Jesus ensinava sobre essa mesma Palavra, e juntamente com isso manifestava os frutos, Ele tornava cada vez mais evidente o contraste entre ambos, e isso descobria a nudez da religião. Aprendi que a nossa paixão sempre vai revelar a falta de paixão de quem está ao nosso redor, e isso se aplica a todas as áreas da nossa vida. Nesse caso especificamente, o poder que fluía de Jesus revelava a falta de poder da religião que O cercava. Diante das acusações, Jesus então se posiciona e diz que eles poderiam até não acreditar n'Ele, mas era inquestionável para onde as obras d'Ele apontavam. Se existe uma verdade a respeito dos frutos é que eles nunca serão diferentes da árvore pela qual foram gerados. Você não vai ver em nenhum lugar uma goiabeira gerando kiwi, por exemplo. Jesus estava falando exatamente sobre essa questão. A semente carrega o DNA que vai determinar o tipo de fruto que vai ser gerado, e por mais que você não conheça uma árvore pelo tipo de folhagem que tem, ou pelo formato do tronco ou das suas raízes, se eu te der o fruto dela você saberá sem dúvida de que tipo de árvore ele veio. As obras que Jesus realizava confirmavam a Sua identidade como Filho de Deus, porque sempre apontavam para o Pai.

> _Uma característica simples a respeito das obras é que, se elas forem genuínas, sempre apontarão para o Pai, nunca para si.

Jesus realizou inúmeros milagres e manifestações de poder sobrenatural. Ele caminhava no meio do povo e pessoas passavam a enxergar; mortos foram ressuscitados por Ele, famílias inteiras transformadas pelo simples fato de recebê-lO em suas casas. O fluir de Deus através de Jesus era tão intenso que João chega ao ponto de fazer a seguinte afirmação a respeito dessas manifestações: "Se cada uma delas fosse escrita, penso que nem mesmo no mundo inteiro haveria espaço suficiente para os livros que seriam escritos". A quantidade de milagres que Jesus realizou é algo indescritível, e a respeito disso não há dúvidas, mas percebemos que isso nem sequer é citado por Ele enquanto estava diante dos Seus perseguidores. Ele não cita a quantidade das Suas obras como se esses números fossem algo relevante ou que trouxessem aceitação para o Seu ministério, o que estava em jogo na verdade era a essência do que Ele fazia. Jesus deixa claro que as Suas obras eram as obras do Seu Pai. Desde aquele tempo até os dias de hoje, é comum nos iludirmos com a performance.

É comum vermos pessoas que fazem muitas coisas no ministério e acreditam que esses números demonstram aprovação sobre o que fazem, mas é importante entender que a minha performance e o mover genuíno de Deus são coisas completamente distintas. A performance sempre vai apontar para mim e para o quanto eu sou bom em fazer algo, enquanto o mover genuíno sempre aponta para o Pai e para o quanto Ele tem feito através de mim. Por mais que isso seja algo simples de discernirmos de forma teórica, tem sido um dos grandes pontos sensíveis de muitos ministérios na prática. Eu não estou dizendo que não devemos nos preocupar em gerar inúmeros frutos, é claro que, à medida que nos lançamos na dependência de Deus, vamos frutificando cada dia mais. O que estou dizendo é que o centro da minha busca não pode ser a quantidade deles.

## VOCÊ SABE QUEM EU SOU?

> _Em cada um de nós existem três pessoas: a que nós achamos que somos; a que os outros pensam que somos; e a que Deus sabe que somos.
> – Leonard Ravenhil

Em resumo, a resposta de Jesus diante dos Seus acusadores é mais ou menos assim: "Vocês podem até não acreditar no que eu falo, mas são obrigados a reconhecer, as minhas obras revelam quem Eu sou!". A nossa identidade é revelada quando as nossas declarações de fé caminham ao lado das nossas atitudes. Jesus deixou claro que não tem sentido se esconder atrás de um discurso ou se esforçar para provar quem você é. Deixe que os seus frutos façam isso por você. Os maiores perseguidores do Messias eram justamente aqueles que "representavam Deus" diante do povo, mas por que não discerniram que diante deles estava o próprio Deus em forma de homem? Porque estavam cauterizados demais tentando demonstrar ser quem não eram. O problema é que Deus não unge quem você finge ser. Deus unge pessoas, não personagens.

A identidade é um dos grandes conflitos da nossa geração, e é justamente nela que somos atacados o tempo todo. É nela que está todo o nosso potencial. Eu gosto de fazer uma analogia entre a nossa história e os lançamentos espaciais (por mais desconexo que isso possa parecer, eu encontro neles vários pontos em comum). Se formos analisar cada missão espacial que já foi realizada até hoje, contando com as que tiveram sucesso, aquelas que foram ao espaço e não conseguiram voltar por problemas técnicos e aquelas que falharam durante o lançamento, existe algo idêntico em todas elas independente do resultado que tiveram. Todas elas tinham potencial para chegar lá. Não importa o motivo pelo qual falharam, não importa o sucesso que tenham tido, todas elas, sem exceção, tinham tudo o que precisavam para chegar no espaço. Um dos significados de potencial é "suscetível de existir ou acontecer, mas sem existência real", e assim é a nossa geração também. Nós temos em Deus tudo o que precisamos para transformar a História, transtornar o mundo com a loucura da pregação, influenciar a cultura, afetar cidades inteiras e impactar uma nação, no entanto todo esse potencial depende diretamente do nosso posicionamento. Se abrirmos mão de quem somos, abrimos mão também do que está proposto para nós.

Há algum tempo, já ouvimos falar sobre uma próxima geração que vai mudar a História, que vai gerar um grande avivamento e colocar o mundo de cabeça para cima. Eu creio que nós somos essa tal "próxima geração" e que essa revolução está mais próxima do que imaginamos, mas isso não tem nada a ver com o quão conectado nós somos ou com a quantidade de ideias que nós temos, muito menos com a imagem que temos nos esforçado para construir. Eu creio que a nossa geração é a geração do avivamento porque em nenhum outro momento da História houve tanta fome de Deus como nos dias de hoje. O mundo está faminto, só não sabe de quê. Nós somos aqueles que vão apresentar a única coisa capaz de saciá-lo. Precisamos sair do campo das ideias e invadir a História, e isso tem mais a ver com suor, oração e lágrimas do que com o nosso posicionamento nas redes sociais. Quando a nossa geração entender plenamente quem somos em Deus e o que Ele espera de nós, não vamos desejar ser nenhuma outra coisa além de nós mesmos.

> _Eu descobri em mim mesmo desejos os quais nada nesta Terra pode satisfazer. A única explicação lógica é que eu fui feito para outro mundo.
> – C.S. Lewis

00:00:05

ARQVP /// 5
_QVLEB

Printed in Miami -FL. All rights reserved™

ANDRÉ
FERNANDES.
Printed in Miami -FL. All rights reserved™

/// CAP. 5

# QUEM VAI LIMPAR ESSA BAGUNÇA?

"Para que o amor que a gente prega seja revelado em meio às ruas por onde andamos, ele precisa ser seguido de expressões reais. O amor não é uma ideia!"

> _Quando as pessoas desejam ver Jesus, deveriam olhar para nós e ter esse anseio saciado. Qualquer coisa diferente disso demonstra que falamos sobre um Cristo que não revelamos.

Alguns anos atrás, eu fiz uma viagem missionária para Santa Cruz de la Sierra, na Bolívia, com mais três amigos. Eu não fazia ideia, mas o que eu viveria naqueles dias marcaria toda minha história. Era dezembro, e enquanto todos se preparavam para passar o Natal em família, nós estávamos embarcando para uma viagem cheia de reviravoltas e surpresas. Eu tinha viajado alguns meses antes para mapear alguns locais e projetar algumas ações evangelísticas nessa mesma cidade, e Deus me direcionou de forma muito clara em relação ao propósito da próxima viagem. Iria com alguns amigos no Natal para organizar uma ceia em algum orfanato e ministrar sobre um Deus que é pai antes de todas as coisas.

Mobilizamos pessoas, vendemos camisas para levantar recursos, além de pedir ajuda a todos que conhecíamos para angariar dinheiro para o projeto. Estava tudo fluindo muito bem, compramos nossas passagens, organizamos os recursos que tínhamos conseguido e partimos então para lá. Quando chegamos a Santa Cruz de La Sierra, recebo a notícia do diretor do orfanato onde faríamos o projeto que eles não poderiam mais nos receber. Lembro que aquela notícia nos deixou frustrados, mas a convicção a respeito do propósito de estarmos ali era muito maior.

Entrei em contato com alguns jovens que havia conhecido na viagem anterior e pedi ajuda para que pudessem encontrar outro orfanato que nos recebesse. Fizemos vários contatos e nossa última esperança estava em um abrigo de meninas que não ficava muito longe dali. Luiza, uma das jovens que estava empenhada em nos ajudar, entrou em contato com a diretora desse orfanato, explicou todo o projeto e por que estávamos ali. Pediu que ela nos recebesse, mas ela relutou de todas as formas, afinal, quatro homens de outro país querendo organizar um jantar num orfanato de meninas não é tão comum assim. Eu insisti com Luzia que pedisse a ela apenas uma chance de nos receber e ouvir o que tínhamos para falar. Depois de bastante insistirmos, finalmente ela nos receberia.

Eu estava dormindo na van que nos levava até o abrigo, quando um pastor local que nos acompanhava me acordou. Nós estávamos em frente ao portão de entrada do orfanato. Lembro perfeitamente que Deus me deu detalhes a respeito do que faríamos ali e como seria aquela ceia de Natal. Detalhes específicos como o estilo da decoração, como penduraríamos as luzes, onde as meninas ficariam durante o culto, o que seria ministrado para elas, enfim, cada detalhe foi sendo compartilhado no meu espírito em segundos enquanto caminhávamos em direção à diretora com um semblante nada receptivo. Assim que me apresentei a ela, comecei a compartilhar tudo que Deus havia me mostrado. Como faríamos, qual o propósito, o tipo de decoração e tudo mais. "Vai ser uma noite de princesas!", eu disse para ela. Impressionante como aquela visão mudou tudo! Agora ela estava tão emocionada quanto eu e começou a me explicar, enquanto chorava, que esse era o sonho que ela sempre teve para aquelas meninas, uma noite de princesas em que pudesse ministrar a paternidade de Deus e o quanto elas eram amadas por Ele.

Não me canso de ser surpreendido pelo cuidado de Deus em cada detalhe. Ele levou quatro jovens a outro país para serem apenas canais dentro de um projeto que já era real no coração d'Ele e daquela mulher também. É incrível fazer parte da realização de propósitos de Deus para a vida de outros, isso traz um sentido maior para tudo o que fazemos.

## AGORA ESTAMOS NO JOGO!

Ficaríamos mais alguns dias na cidade e a noite do Natal já estava bem próxima. Precisávamos correr com os preparativos enquanto fazíamos também visitas aos hospitais durante o dia, a uma comunidade indígena, e também participávamos dos projetos na igreja local que nos recebeu.

Falei com a minha esposa que estava no Brasil sobre todos os detalhes que Deus tinha me direcionado através daquela visão, e ela foi então mandando fotos do tipo de decoração e do estilo da festa que faríamos. Começou então uma força-tarefa com aqueles jovens que estavam nos ajudando. Enquanto estávamos envolvidos com o evangelismo, eles estavam nas lojas e mercados comprando tudo que era preciso para a Noite das Princesas. Eles me enviavam fotos pelo celular de tudo o que estavam comprando para saber se estava de acordo com a visão.

Na noite da ceia de Natal, as meninas estavam lindas. Cada uma com um vestido novo que havia ganhado especialmente para aquela noite. Começamos a cerimônia, e a diretora então chamava uma por uma pelo nome e declarava para elas as suas principais características e qualidades. Colocamos em todas elas uma pequena coroa de princesa, e depois que todas já haviam recebido sua homenagem, ministrei sobre o amor do Pai por cada uma delas e como elas eram aceitas e desejadas por Ele.

O período de Natal é muito delicado em orfanatos, porque está ligado diretamente à família e comunhão. No caso daquelas meninas, praticamente todas tinham suas famílias, mas não podiam mais conviver com elas porque já haviam sofrido sérios abusos. Entender o amor furioso do Pai por nós é uma das maiores dificuldades para quem tem uma imagem distorcida a respeito de paternidade. Quem foi ferido pela imagem do pai tende a se fechar para essa verdade.

Depois do culto das princesas, nos sentamos com elas para celebrar a ceia de Natal, e confesso que poucas vezes comi tão bem numa festa. Preparamos alguns pratos especiais para aquela noite, depois vieram também as sobremesas, o sorvete e os *cupcakes*. No final da noite, tiramos algumas fotos com elas para registrar em imagens aquilo que nunca será apagado da memória.

Nenhum de nós tem ideia do quanto aquela noite influenciou a forma como aquelas meninas se viam e o quanto a sua identidade foi restaurada. A certeza que eu tenho é que elas nunca mais foram as mesmas. O Pai marcou um encontro com elas e queria restaurar tudo o que havia sido desfigurado. Já passei por muitas experiências com Deus e vou viver inúmeras outras, mas nunca vou esquecer o que vivemos ali naqueles dias. Foi uma revelação incrível do amor de um Pai que deseja de todas as formas se revelar para os seus filhos.

> _Deus ama tanto a cada um como se não existisse ninguém mais a quem pudesse dedicar Seu amor.
> – Agostinho

## BONO VOX NA ETIÓPIA

Fomos chamados por Deus para liberar destinos e transformar a história de pessoas ao nosso redor, seja através de expressões reais de amor ou de ajuda em favor de quem precisa. Acredito que toda realidade que nos incomoda está ligada diretamente ao nosso chamado, é como se estivéssemos sendo impulsionados a fazer algo em relação àquilo. Percebi, ao longo da minha caminhada com Deus, que quando nos conectamos a esse propósito, um senso de urgência é gerado dentro de nós. Em um de seus livros, o escritor Philip Yancey fala sobre um episódio com o cantor Bono Vox que chamou a sua atenção.

O autor conta que ouviu, certa vez, Bono, da banda U2, descrever sua missão de ajuda humanitária num orfanato da Etiópia. Durante um mês, ele e sua mulher, Ali, seguraram bebês em seus braços, ajudaram a cuidar deles e a alimentá-los, devolvendo a saúde, e depois doaram dinheiro para equipar o orfanato. Enquanto estava lá, Bono também escrevia e cantava para os órfãos canções sobre o consumo de verduras sadias e a necessidade de lavar as mãos.

Bono disse que depois de seu retorno à Irlanda, suas orações mudaram, assumindo um tom indignado, desafiador: "Deus, você não Se importa com aquelas crianças da África? Elas não fizeram nada de errado e, no entanto, por causa da AIDS, logo poderá haver 15 milhões de bebês sem pai nem mãe naquele continente. Você não Se importa?".

Pouco a pouco, Bono ouviu em resposta que Deus se importava, sim. De fato, de onde ele pensava que lhe viera a ideia de uma viagem missionária para África? As perguntas que ele havia gritado para Deus voltaram cortando os ares como uma espécie de censura. Mexa-se. Faça alguma coisa.

É muito comum pessoas entrarem em crise no que diz respeito à existência de Deus quando são expostas a realidades muito duras, como experiências em lugares tomados pela miséria, cenários de guerra, crianças passando fome ou países em que a escravidão sexual de crianças é algo comum. Nesses lugares, a palavra esperança parece ter perdido o sentido ou, quem sabe, até o propósito. Alguns questionam se realmente Deus existe pelo fato de permitir que coisas assim aconteçam. Outros, por mais que não duvidem de Sua existência, questionam Sua "apatia" e "omissão" em meio a todas essas realidades. Diante desses cenários, impera a seguinte pergunta: Deus não Se importa? Ele não vai fazer nada para mudar isso? Na verdade, esse questionamento faz muito mais sentido quando nos colocamos no centro dele. Acredito que nos Céus a mesma pergunta tem sido feita para nós: "Vocês não se importam? Não vão fazer nada para mudar isso?".

É muito mais prático fecharmos os olhos para essas responsabilidades como se as respostas para esses problemas viessem sempre carregadas por comitivas angelicais.

No espetáculo da vida, tem muita gente na plateia reclamando porque espera ver Deus entrando em cena. Talvez não tenham percebido que esse ato do espetáculo já aconteceu há mais de dois mil anos atrás, agora somos nós os responsáveis por transformar a História. Ao contrário do que acontece numa peça de teatro, por exemplo, não temos ensaio, *script* e roteiro. Tudo que fazemos agora vai refletir um pouco mais adiante, e é justamente a espontaneidade das nossas ações que revela por que fazemos o que fazemos.

"E o diretor?", alguns perguntariam. Tem controle sobre tudo o que acontece.

> _A verdade é que terceirizarmos muitas vezes o nosso papel, nos escondendo atrás das pequenas ofertas que lançamos em favor de ações sociais, e ainda nos sentimos generosos por isso.

## É UMA IGREJA OU UM ABRIGO?

Alguns meses atrás, estávamos enfrentando uma temporada de frio em nossa cidade, e por mais absurdo que pareça, infelizmente é comum em estações como essa moradores de rua virem a óbito por conta do frio. Não é constrangedor perceber que existem pessoas questionando o cuidado de Deus em meio a uma crise financeira, por exemplo, enquanto tem pessoas morrendo de frio algumas ruas depois? Nosso pastor viu a ação de uma pequena igreja no interior, que abriu as portas durante as noites de frio e transformou o lugar de culto num abrigo para quem precisa de ajuda. Eu me lembro que no dia seguinte nos reunimos com ele, e mais algumas pessoas da nossa igreja, e ele compartilhou como Deus havia incendiado o seu coração para fazer a mesma ação em nossa igreja. Em menos de uma semana, os jovens e alguns irmãos se mobilizaram e transformaram o auditório (onde a história da nossa igreja começou) em um abrigo para refugiar as pessoas do frio. Era sempre muito inspirador entrar lá e ver a forma como os voluntários serviam naquele projeto. Dezenas de jovens em todas as madrugadas preocupados em alimentar, vestir e abraçar quem normalmente é rejeitado.

> _Para que o amor que a gente prega seja revelado em meio às ruas por onde andamos, ele precisa ser seguido de expressões reais.

## SOMOS O "JESUS QUE FICOU POR AQUI"

É possível enxergar de forma clara três fases distintas de influência dos Céus sobre a Terra. A primeira delas tem início no Éden e se estende até o nascimento de Jesus. Nesse período, Deus Se movia diretamente diante da criação e se revelava através de manifestações visíveis, seja por meio dos heróis da fé ou de momentos marcantes na História, como, por exemplo, o Dilúvio, a abertura do Mar Vermelho, as pragas do Egito e a proteção sobre o povo no deserto como coluna de fogo à noite e nuvem durante o dia. Esse período construiu as bases de relacionamento entre Deus e a criação, e foi marcado por "intervenções" diretas sobre a natureza e a História.

A segunda fase tem início no nascimento de Jesus e vai até a Sua ascensão aos Céus. Durante esse período, o Verbo Se fez carne e caminhou no nosso meio, revelando o Pai em todo tempo e em tudo o que fazia. Ele é a expressão exata de Deus. Você consegue imaginar o quão surreal foi para as pessoas daquela época poderem caminhar ao lado de Deus, literalmente? Elas podiam tocar n'Ele e senti-lO pela primeira vez de forma palpável. Esse período poderia ser bem definido como Deus andando sobre a Terra.

A terceira fase, por sua vez, é exatamente a que estamos vivendo hoje. Ela tem início após a vinda de Jesus e se estende a nós como sendo os agentes de transformação da História. Enquanto caminhava com Seus discípulos, Jesus os preparava para o que estava por vir. Depois de Sua morte e ressurreição, Ele aparece aos discípulos novamente e dá as últimas "instruções" a eles. Diz para que não se preocupem, porque não estariam sozinhos:

> E eu pedirei ao Pai, e ele lhes dará outro Conselheiro para estar com vocês para sempre, o Espírito da verdade. O mundo não pode recebê-lo, porque não o vê nem o conhece. Mas vocês o conhecem, pois ele vive com vocês e estará em vocês. (João 14.16-17)

Francis Chan comenta esse momento na história dos discípulos da seguinte forma:

O próprio Jesus disse aos discípulos: "Mas eu lhes afirmo que é para o bem de vocês que eu vou. Se eu não for, o conselheiro não virá para vocês; mas se eu for, eu o enviarei" (João 16.7). O que Jesus está dizendo basicamente aos discípulos é o seguinte: "Sim, eu estive com vocês por três anos e meio, mas é melhor que eu os deixe e que o Espírito Santo venha".

Quando os discípulos ouviram aquilo, há dois mil anos, tenho certeza de que foi difícil para eles assimilar. Como poderia ser melhor trocar um Jesus humano – um homem em cuja companhia podiam conversar, comer e rir – por um Espírito que não podiam ver fisicamente? Milhares de anos depois, acho que a maioria das pessoas também optaria por um Jesus físico em detrimento de um Espírito Santo invisível. Mas o que fazer diante do fato de Jesus dizer que é melhor para Seus seguidores ter o Espírito Santo? Podemos crer n'Ele? Se a resposta é "sim", será que a nossa vida reflete essa convicção?

A promessa que Jesus fez em relação ao revestimento de poder que eles experimentariam e às novas realidades no Espírito mudaram completamente a forma como a Igreja se movia. O Espírito, que a todo tempo fluía sobre eles, agora estava dentro deles também. Essa nova perspectiva do fluir do Espírito faz com que as realidades do Reino passem a existir e coexistir dentro de nós. Essa é a força da Igreja, o mundo dentro de nós transformando o mundo ao nosso redor.

Assim, o entendimento que algumas pessoas têm em relação à invisibilidade do agir de Deus só revela que ainda não entenderam o que Ele espera de Nós. Nós somos o "Jesus que ficou por aqui", e quando agimos segundo esse propósito, o agir de Deus se torna não só visível, como também palpável novamente, mas agora através de nós. O mundo não foi poupado da presença de Jesus fisicamente, na verdade, isso foi multiplicado, porque agora, aqui, nós somos assim como Ele é.

## NÃO FAÇA NADA SEM ELE

> _Antes de mandar a Igreja para o mundo, Cristo mandou o Espírito para a Igreja. A mesma ordem precisa ser observada hoje.
> – John Stott

Tão importante quanto nos posicionarmos como sendo a resposta de Deus para esta geração é entendermos que isso só é possível se estivermos cheios do Seu Espírito. Não tem nada a ver com aquilo que podemos construir na força do nosso braço, mas com aquilo que só Deus poderia fazer através de nós. O chamado da Igreja não se resume a obras sociais, na verdade vai muito além disso. Não tem nada a ver com sermos ativistas sociais com um selo gospel, somos agentes de transformação, e todo o contexto em que a Igreja está inserida é afetado, inclusive nas questões sociais. Quando as realidades do Reino se estabelecem, tudo começa a tomar uma nova forma.

O chamado de Deus para a Igreja é que sejamos embaixadores do Seu Reino, e isso exige de nós um pré-requisito básico. Para sermos embaixadores de um Reino espiritual é necessário termos nascido do Espírito (João 3.6). Não existem embaixadores estrangeiros, você sabia disso? Não podemos representar um Reino pelo qual não fomos gerados. Propagar a mensagem do Evangelho sem ter nascido de novo nos torna, no máximo, "marqueteiros da fé", e não embaixadores do Reino.

É impensável imaginar a Igreja primitiva fluindo e marcando as gerações se não fosse pelo poder do Espírito. O que eles carregavam dentro de si era tão poderoso que nada foi capaz de pará-los. Ir para as trincheiras sem o *dunamis* (poder explosivo do Espírito) é como ir para uma guerra sem munição. Parece loucura, mas é exatamente assim que fazemos muitas vezes. Em meio à euforia de ver resultados, negligenciamos o que é inegociável: estarmos cheios de Deus.

> _95% do que a Igreja primitiva fazia dependia integralmente do Espírito Santo. 95% do que a Igreja faz atualmente poderia continuar mesmo que o Espírito Santo fosse retirado de nós.
> — Billy Graham

00:00:06

ARQVP /// 6
_ATEM

/// CAP. 6

# AMOR, TEMPO E MORTE

"A Cruz não tem o propósito de nos tornar melhores, ela tem o propósito de nos matar."

▶

Assisti, estes dias, a um filme chamado *Beleza Oculta*, e logo no início uma cena me chamou a atenção. O personagem representado pelo ator Will Smith fala sobre três coisas que conectam toda a humanidade: o amor, o tempo e a morte. Todos anseiam em ser amados, todos desejam ter mais tempo e todos temem a morte. Eu parei o filme, comecei a meditar sobre essas três verdades e quero compartilhar alguns pontos com você.

Não há dúvida de que todos nós nos relacionamos com o amor, o tempo e a morte, de fato, eles são pontos centrais que conectam toda a criação, mas nem sempre foi assim. Antes do pecado entrar em cena e alterar o rumo da História, somente o amor estava disponível para nós. Por mais que o amor em nós se resuma a uma característica, em Deus, se revela como a Sua própria essência, Deus é amor. Nós fomos feitos segundo a Sua imagem e semelhança, Ele soprou em nós o Seu próprio Espírito, e isso era tudo o que conhecíamos. Desde o princípio éramos eternos, assim como Deus é, e éramos imortais também.

Acredito que por isso tenhamos tanta dificuldade em lidar com a finitude do tempo e com a incerteza da morte. O tempo hoje nos subjuga e faz com que nossa vida seja marcada por uma busca constante por aproveitar todo o tempo que temos, afinal não sabemos ao certo quanto tempo ainda temos. Todos já nascemos reféns dele e com um "prazo de validade estipulado", que não é visível em nenhum rótulo. Assim como os limites do tempo, a morte também não fazia parte do plano original de Deus para o

Homem, por isso é tão difícil para nós lidarmos com ela. E por mais que não gostemos de reconhecer isso, todos vamos encontrá-la um dia.

Logo, o pecado feriu não só o coração de Deus, como a natureza d'Ele em nós também. Entre as inúmeras passagens que retratam o quanto fomos desfigurados através do pecado, acredito que Colossense 1.21 seja uma das que melhor retratam isso: "Nos tornamos inimigos de Deus". É neste momento que o Deus Filho Se reveste de carne para morrer em nosso lugar e nos reconciliar novamente com o Pai. Tudo isso ecoa até hoje na eternidade através de uma declaração: Está consumado!

> _Jesus conecta esses três pontos na cruz. Através do Seu amor escorrendo em forma de sangue sobre um pedaço de madeira, deu a todo aquele que n'Ele crê o direito de com Ele reinar acima do limite do tempo e acima do governo da morte. Jesus restaurou aquilo que chegou como uma sentença de escravidão no Éden e trouxe agora a Boa Nova do Céu: "Em Mim, agora vocês são amados, eternos novamente, e a morte se torna apenas o início de algo que não terá mais fim".

# NÃO CONSIGO ENTENDER

Algum tempo atrás, eu estava meditando sobre o poder de Deus sendo revelado através de tudo que Ele criou, e é assustadoramente incrível imaginar o poder criativo d'Ele em ação, tirando cada coisa que conhecemos da esfera do impossível e trazendo para a existência. Sou apaixonado por um diálogo que aconteceu entre Deus e Jó e que é relatado no capítulo 38 de seu livro. Alguns detalhes dessa conversa deixam muito claro a profundidade inexplicável do poder de Deus e a limitação do Homem em tentar compreender tudo isso. Depois de Jó fazer uma série de questionamentos a Deus, Ele decide fazer algumas perguntas a Jó também, e a maior parte delas até hoje foge ao alcance da ciência responder:

> Prepare-se como simples homem; vou fazer-lhe perguntas, e você me responderá. Onde você estava quando lancei os alicerces da terra? Responda-me, se é que você sabe tanto. Quem marcou os limites das suas dimensões? Vai ver que você sabe! E quem estendeu sobre ela a linha de medir? E as suas bases, sobre o que foram postas? E quem colocou sua pedra de esquina, enquanto as estrelas matutinas juntas cantavam e todos os anjos se regozijavam? Quem represou o mar pondo-lhe portas, quando ele irrompeu do ventre materno, quando o vesti de nuvens e em densas trevas o envolvi, quando fixei os seus limites e lhe coloquei portas e barreiras, quando eu lhe disse: Até aqui você pode vir, além deste ponto não, aqui faço parar suas ondas orgulhosas?

> Você já deu ordens à manhã ou mostrou à alvorada o seu lugar [...] (Jó 38.3-12)

Quando ministramos sobre a dimensão ilimitada do poder de Deus que se revela desde o princípio e se mantém eternamente, a ponto de vencer o inferno e a morte, é muito comum que surjam algumas dúvidas e questionamentos. Uma pergunta em especial é muito recorrente: "Se Deus tem tanto poder, por que não destruiu o Inferno?". Eu fiz essa mesma pergunta a Ele uma vez, e a resposta que Ele me deu foi surpreendente: "Porque esse era o destino de vocês!".

Antes que me leve a mal e entenda essa afirmação como uma heresia, gostaria de compartilhar com você algumas passagens que deixam clara a nossa posição antes da redenção. Quando a Bíblia declara que fomos resgatados do domínio das trevas e transportados para o Reino de Deus, para mim, não resta dúvida em relação aonde estávamos até sermos salvos por Ele. Você só resgata algo que está cativo, e você só transporta algo quando quer retirar de um lugar e levar a outro.

> Pois ele nos resgatou do domínio das trevas e nos transportou para o Reino do seu Filho amado, em quem temos a redenção, a saber, o perdão dos pecados. (Colossenses 1.13-14)

> Antes vocês estavam separados de Deus e, em suas mentes, eram inimigos por causa do mau procedimento de vocês. Mas agora ele os reconciliou pelo corpo físico de Cristo, mediante a morte,

para apresentá-los diante dele santos, inculpáveis e livres de qualquer acusação [...] (Colossenses 1.21-22)

## MARCO ZERO

> _Aprendi em primeira mão que uma mulher vai à porta da morte para trazer de volta à vida. Da mesma maneira, o Calvário não era um lugar de compostura. Foi um solo sangrento de parto no qual o Filho de Deus desceu à sepultura e voltou para nos trazer nova vida.
> — Tommy Tenney

O marco zero da criação aconteceu numa cruz e revelou o amor de Deus indo até às "últimas consequências" para restaurar aquilo que o pecado havia roubado de nós: a semelhança com Ele. Por mais romantizado que esse momento possa parecer, ele foi marcado do início ao fim por dor, sangue e angústia. Naquela cruz, Jesus recebeu sobre Si o nosso jugo e o peso da ira de Deus. Tornou-se maldição em nosso lugar, pois está escrito: "maldito todo aquele que for pendurado num madeiro" (Gálatas 3.13).

A cruz não era a principal sentença de morte naquele tempo, mas era sem dúvida uma das mais humilhantes. É importante entendermos que milhares de pessoas já haviam morrido crucificadas antes de Jesus, e nada diferente aconteceu no Reino dos Céus ou na Terra.

Depois da morte de Jesus, milhares foram crucificadas e ainda assim nada mudou.

O que existia de especial então naquela cruz? Nada! Era feita de madeira como todas as outras. O poder não estava na cruz em si, mas em Cristo pregado sobre ela. Quando o sangue de Jesus lavou aquele madeiro, em meio ao Calvário, nossos pecados foram lavados com Ele também.

> Pois foi do agrado de Deus que nele habitasse toda a plenitude, e por meio dele reconciliasse consigo todas as coisas, tanto as que estão na terra quanto as que estão no céu, estabelecendo a paz pelo seu sangue derramado na cruz. (Colossenses 1.19-20)

## QUAL O PROPÓSITO DA CRUZ?

> Quanto a mim, que eu jamais me glorie, a não ser na cruz de nosso senhor jesus cristo, por meio da qual o mundo foi crucificado para mim, e eu para o mundo. (Gálatas 6.14)

São poucos os lugares onde o Evangelho não tenha sido compartilhado ainda. Na verdade, a história de Jesus e do Seu sacrifício é bem conhecida em todo o mundo, mas, ainda assim, percebo que o propósito da cruz ainda é algo confuso para muitos (inclusive cristãos, acredite!). Bom, vou tentar compartilhar em poucas palavras. A Cruz tem o propósito de nos matar, simples assim. Qualquer expectativa que você tenha nela que seja diferente disso com certeza vai ser frustrada. Analisando grosseiramente, se estivéssemos bem, Jesus não precisaria ter morrido em nosso lugar. Sem a cruz, na verdade, não há conversão, logo, seria ignorância desejar ser poupado dela, assim como seria utópico imaginar ser possível experimentar um novo começo sem passar por ela. A cruz fala sobre mudança de natureza, não de estilo.

> _A Cruz não tem o propósito de nos tornar melhores, ela tem o propósito de nos matar!

Sim, Jesus nos deu acesso novamente ao Pai e às realidades do Seu Reino através do Seu sacrifício, e nos tornou santos e livres de qualquer condenação. Mas nossa história com Deus não termina na cruz, na verdade, começa nela. O convite que Jesus nos faz é para que sejamos a expressão exata de quem Ele é, e para isso precisamos antes negar a nós mesmos, tomar a nossa cruz e segui-lO.

Isso não tem nada a ver com aceitar uma vida de aflições e desgastes, esse convite na verdade está ligado à mudança de natureza. Significa rejeitar quem nos tornamos por conta do pecado e aceitar a nova vida que Ele preparou para nós. O pastor Bill Johnson fala em um de seus livros sobre o equívoco de entender esse convite de Jesus como sendo um convite para uma vida marcada pelo sofrimento:

Jesus disse: "Se alguém quiser acompanhar-Me, negue-se a si mesmo, tome a sua cruz e siga-Me". A compreensão equivocada desse chamado levou muitas pessoas a seguirem a vida de autonegação de Jesus, mas ficando aquém de sua vida de poder. Para essas pessoas, a travessia envolve tentar crucificar a natureza pecaminosa ao abraçar o quebrantamento sem alegria como evidência da cruz. No entanto, temos de segui-lO o caminho todo – até chegar à outorga de poder da ressurreição!

Quase todas as religiões têm uma cópia da travessia. Autonegação, auto-humilhação e coisas similares são atitudes fáceis de ser copiadas pelas seitas desse mundo. As pessoas admiram aqueles que têm disciplinas religiosas. Elas aplaudem e respeitam os que abraçam a pobreza ou suportam a doença em nome da espiritualidade. Todavia, mostre a essas pessoas uma vida cheia de alegria graças ao poder transformador de Deus, e elas não só aplaudirão, mas também desejarão ser como você. A religião é incapaz de imitar a vida da ressurreição com sua vitória sobre o pecado e o Inferno.

Aquele que abraça uma cruz inferior está constantemente tomado pela introspecção e pelo sofrimento autoinfligido. Contudo, a cruz não pode ser autoaplicável – Jesus não Se crucificou.

Quando aceitamos o convite de Jesus para O seguirmos até a cruz não podemos ficar no meio do caminho. Depois da cruz, houve também a ressurreição, e esse poder está liberado sobre nós também. Nós fomos sepultados com Ele no batismo, e com Ele fomos também ressuscitados mediante a fé no poder de Deus que nos ressuscitou dentre os mortos (Colossenses 2.12). A cruz está vazia, Jesus venceu a morte, e nós vencemos com Ele também!

Ele nos perdoou todas as transgressões, e cancelou a escrita de dívida, que consistia em ordenanças, e que nos era contrária. Ele a removeu, pregando-a na cruz, e, tendo despojado os poderes e as autoridades, fez deles um espetáculo público, triunfando sobre eles na cruz. (Colossenses 2.13-15)

00:00:07

nandes. ////
ue
sa //

ARQVP /// 7
_CV

/// CAP. 7

# CARTAS VIVAS

"Como seremos conhecidos? Como a geração que mais compartilhou sobre Jesus nas redes sociais ou como a geração que mais foi impactada por esse Evangelho?"

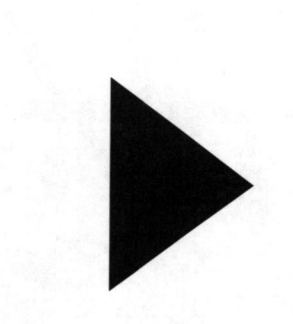

Aquele que diz que está nele, também deve andar como ele andou. (1 João 2.6)

Existe um episódio muito curioso que aconteceu com os discípulos que é retratado no livro de Atos. Enquanto Jesus subia aos Céus, uma nuvem O cobria e os discípulos permaneceram onde estavam, com seus olhos fixos nas nuvens. Imagino que o pensamento que cercava cada um deles era: "Agora que Ele foi embora, o que vamos fazer?". De repente, dois anjos surgiram diante deles e fizeram a seguinte pergunta: "Por que vocês estão olhando para o céu?" (Atos 1.9-11). É como se dissessem: "Por que olham para cima procurando uma resposta? Agora que estão em Cristo, vocês são a resposta!".

Lemos em 1 João 4.17 que neste mundo somos assim como Jesus é. Isso seria impossível sem que tivéssemos nascido de novo. Já falamos sobre isso no capítulo "Amor, tempo e morte", mas quero compartilhar uma analogia que pode nos ajudar a entender a diferença entre sermos transformados ou apenas parecermos diferentes do que éramos. O ministério de Jesus foi marcado por inúmeros milagres, e o primeiro deles aconteceu numa festa de casamento (você já deve ter ouvido e lido essa história pelo menos mil vezes), quando Ele então transforma água em vinho. Eu não entendia muito bem o propósito deste primeiro milagre: o Filho de Deus começando o Seu ministério justamente "fazendo" vinho. Para entendermos melhor, precisamos compreender o cenário em que Ele estava inserido. Naquela época, o vinho num casamento representava a alegria da festa, e era impensável a possibilidade de acabar antes que a festa terminasse, pois isso seria motivo de vergonha para a família e de humilhação diante da comunidade que faziam parte. Depois de certa insistência de Maria (mãe é mãe, não tem jeito), Jesus então transforma água em vinho, e todos se impressionam com a qualidade do vinho novo.

Eu estava pensando recentemente sobre como seria frustrante se, depois de tanto esforço e preparando tudo o que Jesus havia pedido – depois de terem enchido os tonéis com água e tudo mais – ao experimentarem percebessem que Jesus apenas havia transformado aquela água em água com gás, por exemplo. Consegue imaginar o quanto seria frustrante? Por mais que essa analogia pareça boba, é exatamente assim que muitos têm entendido o propósito do Evangelho. Não desejam ser transformados por ele, apenas ter algumas características alteradas. O Evangelho não muda nossas características, ele muda a nossa natureza. Não tem a ver com sermos melhor do que éramos antes, tem a ver com sermos completamente diferentes.

> _Se afirmamos ser cristãos, devemos ser como Cristo.
> – John Stott

Sou impactado sempre que leio sobre os milagres que Jesus realizou e sobre as pessoas que foram curadas por Ele. Como falar do ministério de Jesus e não nos lembrar da mulher do fluxo de sangue, da cura dos leprosos ou do paralítico no tanque de Betesda, por exemplo? Todos eles foram marcados por um encontro com Jesus, e eu consigo imaginar que todos falavam para todo mundo sobre o que Ele havia feito. Mas o discípulo não é aquele que fala sobre Jesus (as multidões também fazem isso), discípulo é aquele que manifesta a identidade do seu Mestre. É o nosso caminhar com Deus que deve inspirar outras pessoas, e isso não é opcional, faz parte do nosso propósito.

Quando falamos em influenciar uma geração, pensamos normalmente em algo que alcance muitas pessoas, mas esse tipo de influência é algo restrito a poucos. Não são todos que conseguem afetar multidões, mas todos nós podemos afetar quem está ao nosso lado. À medida que Jesus caminhava no meio do povo, Ele compartilhava ensino e sermões, mas não Se limitava a isso. Jesus não carregava uma mensagem, Ele era a mensagem.

> _Suas atitudes falam tão alto que eu não consigo ouvir a sua voz!
> - Autor desconhecido

## CARTAS NÃO FALAM!

Vocês demonstram que são uma carta de Cristo, resultado do nosso ministério, escrita não com tinta, mas com o Espírito do Deus vivo, não em tábuas de pedra, mas em tábuas de corações humanos. Tal é a confiança que temos diante de Deus, por meio de Cristo. (2 Coríntios 3.3-4)

O apóstolo Paulo faz uma declaração em relação ao poder do testemunho. Ele chega a ponto de dizer que somos como uma carta, escrita pelo próprio Deus e que está sendo enviada e lida por todos. Entender a importância disso nos ajuda a entender nosso papel diante da criação. João 1.18 diz que "[...] Ninguém jamais viu a Deus, mas o Deus Unigênito, que está junto do Pai, O tornou conhecido". Ou seja, Jesus foi a revelação de quem o Pai é, e Ele transferiu esse propósito para nós. Agora somos nós que O revelamos através da nossa própria vida. Somos cartas vivas.

É importante entendermos um princípio básico de toda carta: cartas não falam, elas precisam ser lidas. Nós podemos falar o quanto quisermos a respeito de como Deus é bom, mas se o mundo não conseguir ver em nós o fruto desse Evangelho, sem dúvida alguma eles não serão afetados. De que adiantaria falar que Jesus restaura famílias se não experimentarmos a restauração da nossa família primeiro? Do que adiantaria falarmos de um Deus que cura se a gente não crê na cura quando a doença chega na nossa própria casa? Eu aprendo algo poderoso com essa declaração de Paulo. Não devemos nos preocupar com o que falamos mais do que com aquilo que manifestamos mesmo sem falar.

> _Os seus frutos falam muito mais a respeito do seu caráter do que qualquer frase de impacto no seu Instagram.

Quando os soldados foram capturar Jesus, não tinham ideia de quem Ele era justamente porque todos que caminhavam com Jesus se pareciam muito com Ele. Acredito que não só na forma de falar e na forma de se vestir, mas de maneira geral, a influência de Jesus sobre eles os tornava cada vez mais semelhantes ao Mestre. Daí a necessidade do famoso sinal utilizado por Judas para indicar qual daqueles homens de fato era o Messias. Jesus então foi traído com um beijo. Parecer com o Jesus que seguimos é inevitável quando caminhamos com Ele bem perto.

Lembro que um amigo recém-convertido queria convidar outros amigos nossos em comum para experimentar o que estávamos vivendo. Então me perguntou qual a melhor forma de chamá-los. Minha resposta foi: "Demonstre para eles o que o Evangelho é capaz de fazer na vida de alguém, e você não precisa se preocupar em falar mais nada. Eles que procurarão em você, respostas". Isto é, "A natureza criada aguarda, com grande expectativa, que os filhos de Deus sejam revelados" (Romanos 8.19). Se somos de fato como cartas vivas, por onde passarmos, as pessoas que olham para nós precisam ver o que o Evangelho é capaz de fazer.

00:00:08

rnandes. : ////

que
cisa //

ARQVP /// 8
_CDUDB

/// CAP. 8

# CARTAS DE UM DEUS BIPOLAR

> "A mais linda história de amor escrita aconteceu numa cruz e envolveu todos nós. Nela, o Amor em forma de gente, o Verbo em forma de carne, nos conectou de novo ao Pai e nos deu liberdade através da sua expressão em forma de sangue."

> _Aprendi que não existe neutralidade no Evangelho, ou a nossa vida atrai pessoas para a cruz ou as afasta dela. Simples assim.

A partir do momento em que nos posicionamos como cristãos, a nossa vida passa a representar o cristianismo, e as incoerências no nosso estilo de vida e testemunho também. Isso dá ao mundo margem para questionar se, de fato, a fé que professamos faz sentido. Alguns de nós têm dado um testemunho tão inconstante e contraditório que, se fosse Deus realmente quem estivesse escrevendo essas histórias, poderíamos considerar a possibilidade de um Deus bipolar.

Não temos nenhuma dificuldade em falar sobre Jesus, na verdade, hoje em dia falamos e compartilhamos sobre Ele em todas as redes sociais e plataformas disponíveis. O desafio sempre foi nos parecer com o Cristo que proclamamos. Ultimamente esse desafio tem se tornado ainda maior porque o relativismo tem impregnado nossos princípios.

> _Todos os padrões morais que nos cercam estão se desfazendo. Isso é verdade especialmente no Ocidente. As pessoas se confundem diante da existência de quaisquer absolutos. O relativismo permeou a cultura e tem se infiltrado na Igreja.
> — John Stott

Tudo se tornou relativo para a nossa geração, e isso tem afetado a forma como muitos encaram até o seu relacionamento com Deus. Segundo o sociólogo polonês Zygmunt Bauman: "Vivemos tempos líquidos. Nada é para durar". Essa declaração não deveria ter sentido para a Igreja porque o tempo em que vivemos não deveria afetar a forma como vivemos. Analisando a inconstância com que tenho visto tantas pessoas encarando sua caminhada, e a forma como muitos têm desistido dos propósitos de Deus para si (por não ter "paciência" durante o processo), acredito que para nós muitas coisas já estão se tornando relativas e outras nunca duraram tão pouco.

> _Frequentadores de igreja por todo o país dizem que o Espírito Santo habita neles. Garantem que Deus lhes concedeu uma capacidade sobrenatural de seguir Cristo, abandonar o pecado e servir à Igreja. Os cristãos falam que nasceram de novo e dizem que antes estavam mortos, mas agora nasceram para uma nova vida. Nós endurecemos o coração para essas palavras, mas elas são muito poderosas e possuem forte significado. No entanto, quando as pessoas de fora da igreja não conseguem ver a diferença em nossa maneira de viver, começam a questionar nossa integridade, nossa sanidade ou, ainda pior, nosso Deus. Quem pode culpá-las por isso?
> —Francis Chan

Toda carta revela a essência do seu autor, sobre essa questão não há dúvidas. O que está em xeque em relação ao tipo de história que vamos construir é que ela pode apontar para Deus ou ir de encontro a Ele, não existe meio termo. Você já deve ter visto alguém usando um *botton* escrito: "Quer emagrecer, pergunte-me como!". Esse é um *slogan* muito utilizado por alguns programas de emagrecimento. Pode parecer óbvio o que eu vou propor, mas você deve concordar comigo que só teria sentido utilizar uma frase como essa quem de fato emagreceu significativamente. Se não fosse assim, isso seria tão estranho quanto dizermos para todo mundo: "Jesus te ama", e não expressarmos amor para quem está perto. Ou então dizer "Eis-me aqui" e desistir do chamado na primeira circunstância adversa. Mas, espera aí! Será que não é exatamente isso que fazemos muitas vezes?

Você já conheceu alguém que fala a respeito de Jesus, mas quando lemos a história da vida d'Ele parece que alguma coisa não bate? Pois é, da mesma forma, estamos sendo "lidos" todos os dias também. A importância em reavaliarmos o nosso testemunho é um ponto secundário, na verdade o que precisamos fazer a todo tempo é avaliar o que estamos nos tornando. Se a minha preocupação está ligada somente à "imagem" que eu passo para as pessoas, posso me perder enquanto tento passar a imagem "politicamente correta" do que é ser um cristão autêntico. Por outro lado, se a minha preocupação está no quanto eu tenho sido afetado pelo Evangelho que eu creio, tudo que gira em torno do meu testemunho vai fluir naturalmente.

O que nós vivemos fala muito mais a respeito da cruz do que aquilo que pregamos!

> _Nós somos as Bíblias que o mundo está lendo [...] Nós somos os sermões a que o mundo está prestando atenção.
> – Billy Graham

## ISSO ESTÁ MEIO CONFUSO...

Um outro ponto sensível em relação à mensagem que temos passado, ou melhor, à mensagem que temos vivido, está ligado à falta de direção com que lidamos com algumas coisas. Ultimamente, o que mais se vê são pessoas apelidando os seus corações carinhosamente com o nome de "direção de Deus". Isso explica a quantidade de coisas que fazemos acreditando que estamos sendo guiados por Ele quando, na verdade, podemos estar seguindo apenas o nosso coração enganoso. Não discernir a direção que Deus tem nos dado é um caminho seguro para uma jornada em círculos.

Percebo que quando falamos sobre alinhar a vontade de Deus com a nossa, muitas pessoas acreditam que isso significa um consenso, ou seja, você apresenta para Deus o que você sonha, Ele apresenta para você o que Ele sonha, e vocês chegam em um ponto em comum. Na verdade, desejar a vontade de Deus significa a vontade d'Ele se estabelecendo sobre a nossa. Quando Jesus nos ensinou a oração do Pai Nosso, isso ficou muito claro: "Pai nosso, que estás nos céus! Santificado seja o teu nome. Venha o teu Reino; seja feita a tua vontade, assim na terra como no céu" (Mateus 6.9-10).

Li certa vez a história de um pastor americano que foi procurado ao final de um culto por um membro que queria um conselho:

— Pastor, meu amigo orou por mim. Ele disse que Deus quer que eu vá para a África e seja um missionário. O que você acha?

— Bom, a decisão é sua. Mas se for, leve esse amigo para que ele também lhe diga a hora certa de voltar para a casa!

> _Para quem vive sem saber onde vai chegar, qualquer lugar está bom.

Saber o que dirige as nossas vidas nos faz entender para onde estamos indo. Se o que tem nos guiado, por exemplo, é a aprovação dos outros, a rejeição deles certamente vai nos paralisar. O apóstolo Paulo é um exemplo de alguém que seria considerado um verdadeiro fracasso pelos padrões de sucesso que temos hoje. Ele morreu sozinho e muito longe de ser rico, mas a história que ele estava construindo apontava para outra perspectiva. A verdade é que o maior fracasso de um homem é ter sucesso naquilo que Deus não aprova.

> _Mas ser bem-sucedido e cumprir o propósito de vida são coisas absolutamente distintas! Você pode alcançar seus objetivos pessoais, tornando-se um sucesso pelos padrões do mundo, e ainda assim estar distante dos propósitos para os quais Deus o criou.
> — Rick Warren

Dizem que os dois dias mais importantes na vida de um homem são o dia em que ele nasce e o dia que ele descobre o propósito pelo qual nasceu. Mas tão importante quanto entender o que Deus espera de nós é estar prontos para pular quando Ele disser "Pule!". Eu acredito em tudo o que a Bíblia declara, e como diz um pastor amigo meu: "Na Bíblia, eu acredito no que está escrito até na capa!". Se ela me afirma que a vontade de Deus para nós é boa, perfeita e agradável, isso é suficiente.

## *ATENCIOSAMENTE, PAPAI*

A verdade é que somos cartas vivas, e não existe nada melhor do que ter as marcas d'Ele em cada nova página. Fico imaginando, se eu tivesse o poder de escrever as próximas páginas a história de Ceci, se eu pudesse escrever cada passo, projeto e sonho que ela vai viver, eu não pouparia esforços para escrever uma história surreal e repleta de momentos incríveis. Eu apagaria toda a minha história se fosse preciso só para ter mais espaço no papel para escrever mais e mais coisas para ela.

"Se vocês, apesar de serem maus, sabem dar boas coisas aos seus filhos, quanto mais o Pai de vocês, que está nos céus" (Mateus 7.11). Não há dúvida em relação à alegria de um pai em poder cercar os seus filhos de cuidado. O que esperar então d'Aquele que é o Próprio Amor e nos amou antes que tudo ao nosso redor existisse? Nós só precisamos permitir que Ele escreva com liberdade as próximas páginas, porque Ele nunca vai tomar a caneta das nossas mãos à força.

> _A mais linda história de amor escrita aconteceu numa cruz e envolveu todos nós. Nela, o Amor em forma de gente, o Verbo em forma de carne nos conectou de novo ao Pai e nos deu liberdade através da sua expressão em forma de sangue.

00:00:09

ARQVP /// 9
_HWHAP

/// CAP. 9

# HOUSTON, WE HAVE A PROBLEM

"O relacionamento com Deus não promete o livramento sobrenatural das dificuldades, mas o uso sobrenatural delas."
- Philip Yancey

Tenho tido experiências incríveis através das viagens que faço para ministrar em outras igrejas e cidades do Brasil. Sou apaixonado por falar sobre Jesus e o que Ele fez por nós, sobre o poder da Sua graça e sobre o despertar da nossa geração. Por mais que eu me doe por completo em cada ministração, volto sempre com a certeza de que recebi nos lugares que eu fui muito mais do que eu compartilhei.

Estive em abril deste ano em uma conferência na cidade de Ribeirão Preto, e lá também não foi diferente, passei dois dias sendo muito renovado e inspirado por Deus. Eu soube, assim que recebi o convite, que seria muito especial o que viveria lá nesses dias. Em cada sessão que participei, Deus falava comigo de forma diferente através das ministrações, e tive a nítida certeza que estava ali por um propósito. Conheci pessoas incríveis, fiz novas conexões e alianças, revi alguns amigos e falei bastante sobre tudo o que estamos vivendo na nossa igreja também. Em uma das sessões da conferência, um grande amigo, que estava ministrando lá também, me abraçou e disse que tinha tido uma visão comigo. Ele me via num barco com Jesus, completamente isolado de tudo por três dias; era como se eu tivesse me desconectado para ter um tempo a sós com Ele. Assim que ele compartilhou comigo a visão que tinha tido, fiquei pensativo sobre como isso aconteceria, mas entendi que de alguma forma aquela visão se tornaria real. Confesso que a ideia de três dias no barco ficou ecoando em mim por algum tempo, mas eu ainda não tinha ideia do que estava por vir.

## ALGUMAS SEMANAS DEPOIS

Era sábado e estávamos muito felizes com o que acabávamos de experimentar. Mais um encontro surreal com centenas de jovens reunidos, e dezenas se rendendo a Jesus, uma atmosfera de adoração incrível. Inclusive, tivemos um convidado especial nessa noite.

Estávamos jantando depois do culto e falando sobre inúmeras coisas, e, por mais que eu quisesse muito estar ali, meu corpo começou a dar sinais que não estava muito bem. Eu estava muito indisposto, minhas mãos e a planta dos meus pés estavam manchados com marcas como que de "sangue pisado", e comecei a ter muita febre e sentir calafrios no meio do restaurante (isso costuma ser um sinal de que alguma coisa em você não está bem). Naquela noite, tive febre alta e delirei um pouco também durante a madrugada.

No dia seguinte, acordei ainda bem indisposto. Eu estava à frente dos cultos naquele domingo e não aceitava a ideia de não cumprir aqueles compromissos. Tomei um antibiótico e alguns estimulantes para aguentar a jornada dos cultos da noite. Na verdade, eu não tinha ideia do que estava acontecendo dentro de mim. Os cultos fluíram demais e estava tudo correndo bem. No dia seguinte, viajei a Cabo Frio para mais um culto da nossa igreja, e, assim que terminou, lembro que eu estava completamente exausto, sentia meu corpo esgotado e minhas mãos pareciam queimar por dentro. Então me rendi e aceitei parar um pouco para fazer alguns exames.

Lembro que quando fiz os primeiros exames, uma das médicas que me atendeu estava extremamente preocupada com as manchas de sangue pisado nas minhas mãos e na planta dos meus pés. Ela é uma amiga de longa data da família e não mediu esforços para me ajudar. Existiam várias possibilidades de diagnóstico sendo cogitadas e ela então chamou uma infectologista, professora da Universidade Federal e muito respeitada nesse meio, para olhar o meu quadro. Assim que ela viu as manchas, não pensou duas vezes; solicitou um exame chamado hemocultura, que avalia os tipos de bactéria presentes no sangue e a sua real concentração. Depois ela retirou certa quantidade do meu sangue e pediu que levássemos com urgência para a FioCruz[1], pois receberiam minha amostra lá para fazer uma série de novos exames.

Eu não tinha ideia até aquele momento de qual era a suspeita dela, mas tinha a certeza de que não parecia ser nada bom. Chamei um amigo para ir comigo até lá e coloquei o isopor que estava com as minhas amostras de sangue no seu colo. De repente me vejo neste exato cenário: "Estou indo levar a minha amostra para uma das maiores fundações de pesquisa do mundo na área de Biologia e, do meu lado, dentro do isopor está o meu sangue. O que será que pode estar acontecendo dentro de mim?".

---

[1] Fundação Oswaldo Cruz é uma instituição de pesquisa e desenvolvimento em Ciências Biológicas localizada no Rio de Janeiro, Brasil, considerada uma das principais instituições mundiais de pesquisa em saúde pública.

Para sintetizar bastante o que aconteceu nos dois dias seguintes, quero te levar para um momento em especial. Quarta à tarde, depois de ter passado por alguns médicos, fiz uma bateria de exames e descobri que o meu coração está tomado por uma colônia de bactérias e que todos esses sintomas eram uma reação do meu corpo a uma infecção que mudaria todos os meus planos. Tive o que os médicos chamam de endocardite e estava muito debilitado. Meu quadro não era nada bom e uma das válvulas do meu coração estava com vegetação (eu nem sabia que isso existia). Recebi então uma notícia que demorei um pouco para assimilar: precisava ser levado com urgência para o CTI e passar pelo menos seis semanas internado para ver como o meu coração iria reagir às medicações.

Cheguei em casa para buscar algumas roupas e alguns amigos começaram a chegar também; a notícia já estava se espalhando. Não tive dúvida alguma acerca do cuidado de Deus comigo em todo o tempo, mas confesso que não estava preparado para receber tanto apoio e cuidado de quem estava ao meu redor; isso me deixou mais sensível do que qualquer diagnóstico médico. No ministério somos exigidos a todo tempo e precisamos sempre estar prontos a ministrar, compartilhar e agir em favor do outro, mas eu estava desacostumado a receber. Agora era a minha vez de depender de cuidados.

Assim que cheguei no CTI, passei por vários procedimentos. Colocaram uma fralda em mim, e essa parecia ser a pior parte. Não sabia, na verdade, o que ainda estava por vir. Fizeram novos exames, conectaram alguns fios, além dos medicamentos e um cateter profundo na minha clavícula que não sentirei saudades. Colocaram um tubo de oxigenação, porque a minha saturação estava baixa, e então as luzes se apagaram. Meu leito estava entre dois pacientes em estado muito delicado de saúde, entubados e sob efeito de anestesia. Foi tudo tão repentino... Num dia eu estava pregando e compartilhando sonhos com as pessoas ao meu redor, no outro estava deitado numa cama de CTI. Eu estava tentando assimilar todas essas novidades até que então um pensamento roubou a cena: "Será que esse é o barco que meu amigo havia visto? Esse é o cumprimento da visão que ele teve?". Embora eu não tivesse convicção a respeito dessas coisas, eu tinha uma certeza: por mais que Jesus esteja comigo nesse barco, certamente não foi Ele que me trouxe para cá. Vou falar um pouco mais sobre isso nas próximas páginas.

## DOENTE, GRAÇAS A DEUS?

Ouvi o relato de um pastor certa vez que achei genial. Ele estava conversando com um amigo que enfrentava um tratamento contra o câncer. Esse amigo estava dizendo que aceitava tudo o que estava acontecendo porque ele acreditava que Deus havia feito isso com ele para que o seu caráter fosse tratado. O pastor então perguntou se ele acreditava mesmo que aquela doença havia sido gerada por Deus com o propósito de transformá-lo, e ele afirmou que sim, acreditava nisso. O pastor fez mais uma pergunta:

"Você está se tratando com regularidade? Tem feito todo o possível para combater essa doença?". O amigo respondeu sem pensar duas vezes: "Estou fazendo tudo o que está ao meu alcance para me livrar dessa doença". Então o pastor deu o ultimato: "Se você acredita que foi Deus quem gerou essa doença com um propósito, não acha que lutar contra ela seria ir de encontro à vontade de Deus?".

Aquele pastor usou uma pitada de ironia para fazer com que o seu amigo percebesse o quanto era absurdo a sua forma de pensar sobre os "métodos" que Deus usa para tratar o nosso caráter. Nenhum pai colocaria um câncer no seu filho ou outro tipo de enfermidade para lhe ensinar coisa alguma. Um pai, na verdade, daria a sua própria vida no lugar do seu filho. Por mais que essa analogia usada pelo pastor pareça completamente impensável, é exatamente assim que muitos acreditam que Deus trabalha. Achei esse episódio poderoso porque revela um conceito errado a respeito da vontade ativa e permissiva de Deus. E como isso afeta grande parte da Igreja! Conhecer o caráter de Deus faz com que eu entenda como Ele se move. Só assim eu posso rejeitar aquilo que não vem d'Ele. Existem muitas pessoas celebrando desertos que Deus nunca as chamou para passar, assim como se encantando com portas abertas que nunca foram geradas por Ele. Como entender então o que nos cerca? Conhecendo melhor o coração de quem tem controle sobre tudo que está ao nosso redor.

> _Se existia alguma dúvida sobre o que Deus pensa a respeito das doenças e enfermidades, creio que isso ficou bem claro na Cruz.

## SEM DESPERDÍCIOS

Brian Houston, fundador e pastor sênior da Igreja Hillsong, fala em seu livro *Viva, ame, lidere* sobre a dor e como lidar com ela. Ele passou por um momento decisivo na sua vida e, como todo momento de dor, surgiu de forma inesperada e sem mandar nenhum aviso. Por mais que tenhamos sempre as melhores expectativas a respeito do que o dia de amanhã nos reserva, somos surpreendidos de vez em quando. Em um dia normal de trabalho na Hillsong, um de seus pastores o chamou para conversar sobre um telefonema que eles haviam recebido. Por pior que ele pudesse imaginar, jamais estaria preparado para aquela notícia. Seu pai, que sempre foi o seu herói e referência durante toda a sua vida, estava sendo acusado de ter abusado de uma criança décadas atrás. Ele relata no seu livro como foi difícil passar por esse momento e lidar com a dor em meio a essa crise:

> Papai estava no exterior no momento de minha reunião com George, o que me deu tempo para reunir as ideias e buscar mais informações em preparação para a conversa mais difícil que já tive. Na terça-feira após sua volta, papai entrou em meu escritório

para o que ele pensava ser uma reunião de rotina. Procurei ficar o mais calmo que pude e lhe descrevi o telefonema que recebêramos. Lembro que ele havia acabado de voltar do exterior e já parecia cansado. Mas quando ouviu minha declaração, ele pareceu envelhecer diante dos meus olhos. Como falar com seu pai, que também é o seu herói, sobre algo tão horrível? Houve uma longa e difícil pausa e, então, ele começou a falar. Sua boca ficou completamente seca enquanto confessava que sim, a acusação que eu estava lhe retransmitindo era verdadeira. Como presidente de nossa denominação, era minha responsabilidade suspendê-lo do ministério e pedir suas credenciais. Acredito que ele tenha saído de meu escritório naquele dia sabendo que nunca mais pregaria de novo e nunca mais pregou.

O pastor Brian Houston cita esse dia como sendo "o pior dia da sua vida", e apresenta um panorama sobre onde Deus está em meio a isso tudo. Ele diz que não acredita que Deus leve alguém a sofrer, mas usa do sofrimento para cumprir Seus propósitos. Com o Senhor nada é desperdiçado (medite nessa verdade). Aprendi desde cedo na minha caminhada com Deus que nas áreas em que Ele me sarou, eu me torno agora uma ferramenta de cura. Existe uma autoridade diferente sobre você para ministrar em áreas que já foi tocado por Deus. Por isso é indispensável ministros sarados no altar, porque se suas feridas ainda estão abertas, você se torna um canal de contaminação, não de cura.

Da mesma forma, é necessário pais sarados à frente da criação dos seus filhos, esposos sarados à frente do sacerdócio da sua casa e cristãos sarados falando a respeito da Cruz. Uma Igreja experimentada é uma Igreja forte, o apóstolo Paulo que o diga. Enfrentou momentos de perseguição, adversidade, dor, angústia, privação e declarou que poderia passar por tudo isso, pois estava firmado naquele que o fortalecia.

Sei o que é passar necessidade e sei o que é ter fartura. Aprendi o segredo de viver contente em toda e qualquer situação, seja bem alimentado, seja com fome, tendo muito, ou passando necessidade. Tudo posso naquele que me fortalece. (Filipenses 4.12-13)

Não devemos, no entanto, viver em busca de momentos de dor, acreditando que Deus tem prazer neles (Ele não tem), mas precisamos estar atentos quando eles chegarem, afinal, com o Senhor nada é desperdiçado. Sob essa perspectiva, eu consigo olhar os desafios que me cercam como uma oportunidade de experimentar o agir sobrenatural de Deus de forma palpável. Se você já enfrentou crises no seu casamento e foi completamente restaurado por Deus, existem centenas de casais que precisam ser edificados com as experiências que você já viveu. Se você é pai e sentiu a alegria de ter um filho que era viciado em drogas ser restaurado por Deus, existem, neste exato momento, milhares de famílias desmoronando aos poucos com esse mesmo problema e podem ser saradas através da sua vida. Eu poderia citar inúmeros exemplos de experiências que você viveu que podem ser libertadoras para quem está passando pelo mesmo problema, mas vou me ater a dizer apenas o seguinte: o que você viveu pode ser o antídoto para a dor do outro, não desperdice isso!

> Sabemos que Deus age em todas as coisas para o bem daqueles que o amam, dos que foram chamados de acordo com o seu propósito. (Romanos 8.28)

## MARCAS

Todos nós carregamos marcas. Os psicólogos dizem que somos o resultado das experiências que tivemos e do ambiente em que fomos gerados. Somos fruto do meio. Todos nós, em qualquer etapa da nossa vida, passamos por experiências que mudaram nossa forma de pensar e até de agir. A grande questão é se as marcas que carregamos são lembranças ou feridas.

Lembro que quando era adolescente, meus pais estavam enfrentando uma crise financeira absurda. No intuito de sempre darem o melhor que podiam para nossa família, acabaram se endividando e aos poucos isso se tornou uma bola de neve. Meu pai se envolveu com agiotas para tentar de alguma forma amenizar as contas que estavam em aberto, e isso foi o início da nossa queda. Mesmo sendo jovem, eu acompanhava de perto toda essa crise e a angústia deles em tentar resolver sem causar muitos efeitos colaterais na nossa casa. Meu pai, por vezes se abatia e ficava prostrado, às vezes nem queria sair do quarto. Minha mãe então tomava à frente e negociava com as pessoas que estávamos devendo até que ele se recuperasse e voltasse ao ringue. Foram dias que nunca vão ser apagados da minha memória. Aos poucos fomos entregando tudo o que tínhamos; vendemos a casa onde eu nasci e fui criado, perdemos um apartamento, sítio, carros e inúmeras outras coisas... Meus pais estavam vendo a conquista de uma vida inteira de trabalho escorrendo pelas mãos. Foi um período muito humilhante também. Meus pais ouviram coisas que não precisavam, principalmente de pessoas próximas. Não éramos cristãos na época e não tínhamos esperança em nenhuma outra coisa senão no acaso. Anos depois, meus pais se converteram, eu e minha irmã também, e começou então o período da restauração de Deus sobre todas as áreas da nossa família. Eu tinha montado um escritório próximo à praia e, depois de um pouco de insistência, consegui convencer meu pai a transferir o escritório dele para lá também e começarmos uma empresa familiar. Nossa sociedade deu muito certo e foi a partir dali que comecei a me estruturar para casar com a Quezinha. Compramos nosso apartamento, financiamos nosso primeiro carro e começamos a sonhar mais alto.

Vivemos muitos momentos especiais trabalhando juntos. Em alguns períodos da nossa corretora, chegamos a trabalhar com várias pessoas da família ao mesmo tempo. Eu, meu pai, minha irmã Aline, Quezinha, minha mãe e meu primo Dudu. Em um dia normal de trabalho, fomos surpreendidos por uma cena impensável. O agiota que havia retirado grande parte do que minha família perdeu durante a crise entrou no nosso escritório (ele continuava sendo nosso cliente), sentou na mesa do meu pai, que ficava no final da sala, e disse: "Eu tenho inveja de você porque toda a sua família trabalha junto e eu não consigo ter a minha família unida nem dentro de casa". Aquele homem ficou constrangido em ver que o que ele desejava, o dinheiro que tinha não podia comprar.

Isso me faz lembrar de Jesus se apresentando aos Seus discípulos depois da ressurreição. Ele aparece para eles e apresenta as marcas da Sua crucificação. Se fossem feridas abertas, apontariam para um milagre incompleto, mas eram marcas de feridas que já haviam cicatrizado. Nossas feridas apontam para nossas fragilidades, nossas cicatrizes e marcas revelam o poder de Deus aperfeiçoado em nós. É como se elas falassem em nosso lugar: eu venci!

00:00:10

ARQVP /// 10
_CPC

/// CAP. 10

# COMEÇANDO PELO COMEÇO

"Eu não adicionei Jesus à minha vida. Eu abri mão da minha vida para viver o que Ele tem para mim. Jesus não é um item na minha mochila, que eu carrego durante a minha jornada. Ele é o caminho!"

## CONTANDO OS DIAS

Na cozinha do nosso apartamento havia um coração de madeira pendurado próximo à geladeira, e sempre que eu ia preparar o meu café da manhã, ele me chamava a atenção. Era pintado com tinta preto fosco e todos os dias Quezinha apagava a contagem do dia anterior e escrevia com giz o número de dias que faltavam para a festa de quatro anos da Cecília. Eu me lembro de ficar olhando para aquela contagem inúmeras vezes e refletindo sobre como passou rápido desde o primeiro dia em que a Ceci entrou na nossa vida até hoje. Enquanto escrevo este livro, estou num leito de hospital e não poderei mais participar da festa dela este ano. Aquela contagem marca agora uma das estações mais importantes da minha vida.

Por mais que eu não tenha a pretensão de criar um diário de bordo, acredito que o que tenho vivido aqui vai edificar sua fé e provocar algumas reflexões. Philip Yancey comenta em um de seus livros que sofreu um impacto ao saber que aquilo que ele compartilhava em seus livros, mesmo tendo sido gerado em um ambiente seguro dentro do seu apartamento, estava edificando e encorajando pessoas em meio a cenários caóticos em lugares diferentes do mundo:

> Numa viagem ao Líbano em 1998, conheci uma mulher que me disse que havia lido meu livro *Decepcionado com Deus* durante a guerra civil libanesa. Ela o guardava num abrigo subterrâneo

antibomba. Quando o ataque da artilharia se intensificava ao redor de seu alto prédio de apartamentos, ela descia a escadaria escura, acendia uma vela ou uma lamparina a querosene e lia meu livro. Não consigo descrever como aquele relato provocou em mim um sentimento de humildade, considerando que quando cristãos estavam morrendo por sua fé, quando a mais linda cidade do Oriente Médio era reduzida a escombros, naquele mesmo momento palavras que eu escrevi em meu apartamento em Chicago de algum modo levavam conforto àquela mulher.

Impressionante como um livro tem a capacidade de impulsionar e abençoar pessoas. Nos capítulos anteriores, falo sobre lembranças e memórias de experiências que tive com Deus e que mudaram minha percepção religiosa acerca de muitas coisas; ele foi construído a partir do que tenho experimentado nos últimos anos. Mas é inegável o poder e a profundidade que existe quando compartilhamos algo que estamos vivendo, enquanto estamos vivendo. Este livro está sendo gerado exatamente assim, cada frase está sendo escrita enquanto essas experiências estão ganhando forma diante dos meus olhos. Nas próximas páginas quero falar sobre a mais nova etapa da minha jornada e sobre muitas coisas que estão sendo parte fundamental na construção de um novo nível de experiências com Deus. Espero que esta leitura te encoraje a experimentar coisas novas em Deus e a refletir sobre o cuidado d'Ele que nos envolve todo tempo, mesmo quando a gente não percebe ou reconhece isso.

## OS DOIS LADOS DE UM CTI

Eu me lembro de uma visita que fiz ao hospital de Santa Cruz de la Sierra alguns anos atrás. Eu estava na ala infantil orando por algumas crianças e pedi que me levassem ao setor do CTI, onde ficavam os casos mais delicados. Alguns médicos brasileiros que conheci no hospital me disseram que era comum ver crianças com diagnósticos praticamente irreversíveis serem abandonadas pelas suas famílias. Existiam outros casos também em que a família não tinha condições de arcar com as medicações necessárias para o tratamento e preferiam deixar seus filhos ali do que vê-los sofrer, já que sua morte era uma questão de tempo. Fiquei muito chocado ao ouvir dos médicos que crianças estavam morrendo por falta de antibióticos que são encontrados facilmente em qualquer farmácia do Brasil.

Talvez algumas pessoas possam questionar que essa mesma realidade exista nos hospitais do Brasil. Infelizmente isso é uma verdade. Existem milhares de casos muito piores acontecendo aqui todos os dias e que são mais comuns do que você imagina. Antes de me tornar um pastor local, eu havia criado uma agência de missões chamada Fôlego, e era muito comum ouvir as pessoas questionarem por que ir tão longe se existem pessoas precisando tão perto. Aprendi com o tempo que normalmente quem faz esses questionamentos não se envolve com as mazelas de quem está longe, tanto quanto não se envolve em ajudar quem está perto. É como o comportamento medíocre de Judas questionando a essência que foi derramada sobre os pés de Jesus; ele achou absurdo algo tão valioso ser "desperdiçado". Na verdade, tempos depois ele venderia o Messias por um décimo daquele valor. Tive experiências em lugares diferentes, em cidades diferentes e servindo a projetos diferentes, e, em todos eles, uma certeza: para aquela pessoa que foi alcançada, fazia todo o sentido estarmos exatamente ali! Acabei compartilhando um pouco sobre a visão que alguns têm sobre missões, mas, na verdade, quero chamar sua atenção para outro ponto em especial.

    Nessa viagem para a Bolívia, o propósito era fazer um mapeamento de alguns orfanatos e projetos que visitaríamos meses depois, durante o Natal. Meu primeiro desafio começou antes mesmo de chegar lá, quando pouco a pouco todos que participariam comigo dessa viagem tiveram imprevistos e precisaram cancelar, até que, por fim, só eu havia restado. Assim que cheguei ao hospital de Santa Cruz de la Sierra, senti Deus me impulsionando a procurar crianças que estavam precisando com urgência de medicamentos e que não tinham condições de comprar, e lá fui eu. Dentre as crianças que estavam no CTI, uma delas me marcou bastante. Era uma menina com cerca de seis anos de idade e que havia feito uma cirurgia de colostomia. Nesse tipo de cirurgia é necessário utilizar uma "bolsa externa" ao intestino, onde as fezes são descartadas. (Peço desculpas, mas não conseguiria transportar você para essa experiência te poupando alguns detalhes). Quando me aproximei dela, ela estava bem assustada e um pouco pálida, achei que fosse um menino no primeiro momento, porque seu cabelo estava muito baixinho. Perguntei ao médico quais eram as necessidades dela que a família não estava conseguindo suprir, e, para a minha surpresa, além de não ter os remédios para recuperação pós-cirúrgica, ela não tinha sequer as bolsas coletoras. Os médicos precisaram usar sacolas plásticas para suprir essa falta.

Peguei as receitas de medicamentos de algumas daquelas crianças, tantas quanto pude, e fui até uma farmácia que ficava próxima à Plaza de los Pozos (se não me engano era assim que se chamava). Coloquei as receitas no balcão e pedi para a atendente conferir quais medicamentos estavam disponíveis na farmácia. Mostrei todo o valor que eu tinha em dinheiro e pedi para ela priorizar os medicamentos que eram indicados para os quadros mais graves. Parecia um pouco confuso para ela, mas para mim estava muito claro. Queria comprar o máximo de medicamentos que pudesse, e o filtro de prioridade seria para aqueles remédios que manteriam as crianças com o quadro clínico mais delicado. Eu me senti angustiado em não poder comprar tudo o que aquelas receitas pediam, eu já era pai nessa época e era inevitável não pensar que poderia ser a minha filha naquela situação. Foi muito frustrante ter que escolher quais remédios comprar e quais eram mais necessários, na verdade todos eram.

Assim que deixei os remédios no hospital, compartilhei com alguns amigos do Brasil o que eu estava vivenciando lá e pedi ajuda para que pudessem enviar recursos para comprarmos mais medicamentos. No dia seguinte, fui até uma casa de câmbio, saquei o que haviam enviado para mim, voltei na mesma farmácia com as mesmas receitas e fiz o mesmo pedido do dia anterior: "Selecione por favor os medicamentos com maior prioridade". Depois do terceiro dia fazendo a mesma coisa, a atendente daquela farmácia olhou para mim e me perguntou o que me movia a fazer aquilo. Ela disse que percebeu desde o primeiro dia minha angústia em tentar comprar o máximo de medicamentos que pudesse, mesmo sabendo que isso não seria suficiente para suprir todas aquelas receitas. Ela me deu então a abertura para falar de Jesus que todo cristão deseja, sem que eu tivesse mencionado em momento algum assuntos como religião ou igreja. Respondi que o que me movia a fazer aquilo era o amor, mas ele não vem de mim, porque eu nunca teria aquele tipo de preocupação de forma espontânea. Nossa natureza por si só não revela isso, mas a natureza de Cristo em nós sim. "Nós amamos porque Ele nos amou primeiro" (1 João 4.19).

> _Enquanto escrevo este livro, estou do outro lado de um CTI, mas agora como paciente. Meu coração continua queimando, assim como estava naquela visita à ala infantil do hospital, mas agora por um motivo diferente: os médicos me disseram que ele não está nada bem.

00:00:11

ARQVP /// 11
_TAB

/// CAP. 11

# TODOS A BORDO

"Você nunca saberá que Deus é tudo o que você precisa até que Ele seja tudo o que você tiver."

▶

Tenho experimentado nestes dias um cuidado visível de Deus em cada detalhe, e Sua manifestação de forma palpável. A melhor forma para definir os frutos desses dias no barco com Ele é que minha mensagem tomou corpo, e as verdades que eu creio me mantiveram de pé! Aprendi que a pregação é isto, alguns minutos capazes de transformar morte em vida. Todas as vezes que vou pregar, não importa o lugar ou o número de pessoas que estão me ouvindo, seja num auditório lotado ou em uma reunião em casa; sou tomado por um temor santo. Não quero compartilhar nada que não esteja na "pauta de Deus" para aquele dia. Na verdade, eu só preciso me preocupar em não atrapalhar aquilo que Deus deseja fazer através de mim. A mensagem da Cruz foi suficiente para dividir a história da criação em duas partes e continua sendo suficiente para transformar a nossa história também.

Existem alguns momentos na nossa vida em que todas as nossas bases de segurança são retiradas, e são nesses momentos que fica muito clara a diferença entre otimistas, pessimistas, realistas e aqueles que creem. Entender essa verdade é fundamental, principalmente quando se trata de fé para ser curado. Por mais que para muitos possa parecer a mesma coisa, ser otimista e ter fé são coisas completamente diferentes. O maior ponto de divergência entre ambos é a sua base. O otimista tem como base as suas emoções, então ele acorda certo dia com bom humor, olha pela janela, vê que o céu está limpo, e tudo parece estar bem. Assim, dentro de si começa a se formar uma convicção: o dia hoje vai ser incrível! Ele começa a projetar coisas pautadas no seu estado de espírito e acredita (afinal, ele está bem otimista) que tudo vai dar certo. Por mais que pareça muito bom esse tipo de comportamento, ele é tão volúvel quanto o nosso humor. Se existe algo que não temos controle são as nossas emoções, elas podem mudar de uma hora para outra dependendo do que nos espera na próxima curva, e, por mais que o fruto do espírito nos dê domínio próprio, nosso humor não permanece inabalável sempre. Quando as bases das minhas convicções são as minhas emoções, é comum eu viver momentos de instabilidade constantemente. A vida é inconstante, mas você não precisa ser!

> _Uma das coisas mais comuns que as pessoas me dizem quando estou prestes a orar pela cura delas é: "Sei que Deus pode fazer isso". E o demônio também sabe. Na melhor das hipóteses, isso é esperança, não fé. A fé conhece a vontade de Deus.
> — Bill Johnson

A nossa fé, por sua vez, permanece inabalável à medida que temos fundamentos fortes na Palavra. A base da nossa fé é construída com entendimento e revelação da Palavra de Deus, por isso é fundamental que nossa busca seja conhecer cada dia mais o caráter de Deus e a Sua vontade. Há uma diferença brutal entre acreditar que Deus pode fazer e tratar isso como sendo algo real. Não existe outra forma de termos a nossa fé aumentada senão por ouvir a Palavra de Deus. A fé não vem por imposição de mãos, por servirmos na igreja local ou por qualquer outro tipo de prática. Quanto mais eu ouço o que Ele me diz, mais forte se torna a minha fé.

## NÍVEIS DE FÉ

Segundo os relatos que encontramos nos evangelhos, existem níveis diferentes de fé e isso está proporcionalmente ligado às experiências que temos com o poder sobrenatural de Deus. No episódio entre Jesus eo centurião, por exemplo, quando Ele Se oferece para ir ao encontro do servo que estava doente, é surpreendido com a fé daquele homem. O centurião declara que não seria necessário que Jesus fosse até lá, mas que apenas liberasse uma palavra e o seu servo seria curado. Aquele centurião tinha uma percepção clara a respeito de autoridade espiritual, assim como tinha também uma porção de fé fora do comum. Jesus, admirado com seu posicionamento, declara que nem em Israel havia encontrado alguém com tamanha fé. Durante uma tempestade, vemos Jesus repreendendo os ventos e o mar enquanto navegava juntamente com Seus discípulos. Ele também se admira com a fé que eles têm, mas, dessa vez, numa proporção inversa. Ele questiona: "Por que vocês estão com tanto medo, homens de pequena fé?".

> _Os momentos de crise não abalam a minha fé, mas revelam a profundidade dela.

Outro momento muito conhecido pela abordagem que Jesus faz sobre níveis de fé como sendo algo mensurável acontece assim que Ele desce do "monte da transfiguração" e reencontra a multidão. Um homem se aproxima d'Ele e pede ajuda, pois já havia levado o seu filho que estava endemoniado até aos discípulos, e eles nada puderam fazer. Jesus repreendeu o demônio que estava oprimindo o menino, e ele foi curado. Então os discípulos perguntaram a Ele por que não haviam conseguido libertar aquele menino, e Jesus respondeu: "Porque a fé que vocês têm é pequena. Eu lhes asseguro que se vocês tiverem fé do tamanho de um grão de mostarda, poderão dizer a este monte: 'Vá daqui para lá', e ele irá. Nada lhes será impossível" (Mateus 17.20). Fica muito claro que em todo o tempo que Jesus caminhou com Seus discípulos, Ele os incentivava a crer no poder da fé para experimentar as realidades disponíveis no Reino de Deus e, através disso, fazer as mesmas obras que Ele fazia. E, num momento futuro, obras ainda maiores.

Tão importante quanto termos fé é crermos corretamente. Muitas pessoas têm deixado de usufruir do poder que há em Jesus para curar porque simplesmente não sabem que já está disponível. Quero compartilhar com você o que a Palavra nos diz sobre isso. Um dos textos mais poderosos relacionados a esse tema está em Isaías 53, onde o profeta fala a respeito da Cruz e do sacrifício de Jesus em nosso lugar, e também sobre tudo aquilo que Ele levou sobre Si para que fôssemos completamente sarados e livres de toda enfermidade. Nossa cura e liberdade não estão disponíveis simplesmente porque Deus anulou nossa sentença e tudo aquilo que de fato merecíamos receber, mas porque Ele transferiu para o Seu próprio Filho essas realidades. Jesus, o Cordeiro de Deus, recebeu em nosso lugar todo jugo, peso, condenação, doença e enfermidade. Por isso, a Palavra declara que o castigo que estava sobre Ele nos trouxe a paz, e pelas Suas feridas nós fomos curados! Não é algo que pode vir a acontecer, é algo que já aconteceu. A tempestade do juízo já veio sobre Jesus naquela cruz e por conta do Seu sacrifício somos justificados e livres! Creia nisso, medite nessa verdade, declare isso até que não haja dúvida em seu coração e seja completamente curado!

> Certamente ele tomou sobre si as nossas enfermidades e sobre si levou as nossas doenças; contudo nós o consideramos castigado por Deus, por Deus atingido e afligido. Mas ele foi transpassado por causa das nossas transgressões, foi esmagado por causa de nossas iniquidades; o castigo que nos trouxe paz estava sobre ele, e pelas suas feridas fomos curados. (Isaías 53.4-5)

## CRENDO SEM DUVIDAR

Tive uma experiência no ano passado que me edificou muito em relação a essa questão de crer e não ter dúvidas. Organizamos uma conferência na igreja de que fazíamos parte e recebemos alguns pastores que eram aliançados com aquele ministério, e eu estava dirigindo um desses cultos. O pastor que ministrava naquela noite fez um apelo para que todas as pessoas que tinham qualquer tipo de enfermidade e criam que Jesus poderia curá-las viessem à frente sem hesitar. Algumas pessoas começaram a se levantar e ir à frente, enquanto ele continuava fazendo o convite: "Se você crê que Jesus pode curá-lo, venha aqui, e eu quero orar por você". Depois que aquelas pessoas estavam diante do palco, ele pediu que fechassem os olhos e não dissessem mais nada; e começou então a orar por elas e os milagres de cura foram sendo liberados diante dos nossos olhos. Assim que o culto terminou, levei o pastor para jantar e comentei que achei curioso o fato dele pedir para que aquelas pessoas que tinham ido à frente não dissessem mais nada, apenas fechassem seus olhos enquanto ele orava, e perguntei qual era o propósito. Ele então respondeu que é muito comum pessoas terem atitudes de fé e darem os primeiros passos em busca de serem curadas e, momentos depois, começarem a ser bombardeadas pela sua mente para desacreditar que aquilo pode realmente acontecer. "Prefiro uma atitude de fé do que uma confissão de dúvida", disse ele.

Eu lhes asseguro que se alguém disser a este monte: "Levante-se e atire-se no mar", e não duvidar em seu coração, mas crer que acontecerá o que diz, assim lhe será feito. (Marcos 11.23)

Muitos têm abraçado a descrença em relação ao poder sobrenatural do Evangelho por um motivo simples: a baixa expectativa em relação a isso deixa você mais confortável porque não exige que você assuma riscos. Outra característica que nos deixa confortáveis quando temos baixas expectativas é que elas sempre são supridas, ou seja, você sempre espera pouco e sempre recebe pouco, e isso dá a falsa impressão de que está no caminho certo. O problema é que quando eu assumo uma postura medíocre em relação a minha fé para experimentar milagres, minhas experiências com Deus nessa área se tornam medíocres também. Com o passar do tempo, eu vou me acostumando em não experimentar essas manifestações de poder, e isso consolida cada vez mais a minha crença de que o sobrenatural é algo inacessível. Esse posicionamento pode deixar você mais confortável, mas nunca vai gerar os milagres que você precisa.

Eu agia assim no início da minha conversão em relação ao batismo com o Espírito Santo. Eu cri desde o início que era uma manifestação genuína e que estava disponível, mas não acreditava que o "falar em línguas" era algo acessível para todos. Interessante que quando não queremos nos expor a assumir riscos, preferimos buscar na lógica as justificativas para a nossa falta de experiências. Tudo isso mudou quando fui batizado com o Espírito

Santo num encontro de jovens, enquanto pregava na garagem da minha casa. Se existia alguma dúvida, elas foram lançadas por terra quando eu experimentei algo que durante muito tempo lutei para acreditar que não era real, ou pelo menos não para mim.

> _A única função da fé é receber o que a graça oferece.
> — John Stott

## TODOS PRECISAM, NEM TODOS CREEM

Talvez você já tenha se perguntado por que existem tantas pessoas que estão dentro das igrejas há muito tempo e não conseguem usufruir de tudo aquilo que a Palavra diz que é possível. Isso acontece porque o sobrenatural não se move pelas nossas necessidades, mas pela nossa fé. Por isso alguém pode necessitar de algo que está disponível desde o princípio e nunca usufruir disso. Se você não crer, é basicamente como se aquilo não existisse. A fé se fundamenta em tratar as coisas que não são como se já fossem, ou seja, quando eu creio que a minha cura já é algo real, isso se torna uma realidade em fé.

Quando recebi o meu diagnóstico e a notícia do estado em que o meu coração estava, fiquei surpreso. Os médicos me disseram que, se uma parte da colônia de bactérias se soltasse, poderia causar um AVC (acidente vascular cerebral), trombose ou outro tipo de complicação. Outro ponto sensível no meu caso era a válvula onde a bactéria se alojou. Dependendo do dano que ela tivesse sofrido, seria necessário uma cirurgia para substituí-la. Por isso o meu quadro exigia tantos cuidados. Um dos cardiologistas que me acompanhou sugeriu que depois do tratamento eu estudasse um pouco as características do meu diagnóstico para ter uma ideia geral de todos os livramentos que eu tive. Por mais que o meu quadro fosse delicado, no meu espírito em todo tempo houve apenas uma certeza: eu já estou curado.

> _A fé real não é viver na negação do reino natural. Se o médico diz que você tem um tumor, seria tolice fingir que ele não existe. Isso não é fé. Entretanto, a fé fundamenta-se na realidade que é superior ao tumor. Posso reconhecer a existência de uma doença e ainda assim crer na provisão do Senhor para a cura.
> — Bill Johnson

Quero encorajá-lo a fazer agora uma oração específica sobre cura. Compartilhe também com outras pessoas que estejam enfrentando um momento difícil e precisem de um milagre:

*Eu creio que há poder no sangue de Jesus para me curar completamente de todas as doenças e enfermidades agora, e declaro a minha cura! Eu reconheço o Seu sacrifício na cruz do Calvário e creio que foi suficiente para me tornar livre. Nenhuma dúvida ou pensamento contrário ao que a Sua Palavra diz vai tirar de mim a confiança de que esse milagre já é real! Obrigado por me amar quando nada ao meu redor existia. Obrigado por se entregar no meu lugar e me dar uma nova vida. Obrigado por transformar meu choro em alegria e me dar acesso à vida eterna. Obrigado por me encher com o Seu Espírito Santo e preencher todo o meu vazio. Em nome de Jesus. Amém!*

00:00:12

ANDRÉ FERNANDES.
Printed in Miami -FL. All rights reserved™

ANDRÉ FERNANDES.
Printed in Miami -FL. All rights reserved™

ARQVP /// 12
_FVQFI

/// CAP. 12

# FOI VOCÊ QUE FEZ ISSO?

"Nada é igual ao Seu redor
Tudo se faz no Seu olhar
Todo o universo se formou no Seu falar
Teologia para explicar ou Big Bang para disfarçar
Pode alguém até duvidar
Sei que há um Deus a me guardar
E eu tão pequeno e frágil querendo Sua atenção
No silêncio encontro a resposta certa então
Dono de toda ciência, sabedoria e poder
Oh, dá-me de beber da água da fonte da vida
Antes que o haja houvesse
Ele já era Deus
Se revelou aos Seus do crente ao ateu
Ninguém explica Deus."
(Clóvis Pinho)

É muito comum vermos pessoas em crise quando as circunstâncias ao seu redor não são favoráveis. Mesmo tendo uma vida marcada por fé, em momentos de perda ou de adversidades surgem questionamentos de todos os tipos. Os mais comuns são: "Por que eu?"; "Por que na minha casa?"; "O que eu fiz para merecer isso?". Em meio aos desafios que enfrentamos, muitos se agarram ao seu "currículo cristão" como se o nosso histórico com Deus nos poupasse de passar por momentos difíceis. Jesus nunca prometeu nos poupar dos desafios, mas sempre se revela em meio a eles.

Como explicar para uma família cristã a perda de um filho? Como explicar para uma família qualquer a dádiva de poder gerar um filho? Como explicar coisas que excedem nosso entendimento? Na tentativa de ter respostas para todas essas perguntas, muitos têm buscado na lógica algo que é tão subjetivo quanto a própria vida, a sabedoria de Deus. Só nos resta uma certeza em meio a tantas perguntas: ninguém explica Deus.

## FOI DEUS QUEM MANDOU?

Tenho recebido inúmeras visitas neste período de internação, mas uma delas foi um pouco inusitada. Um jovem entrou no quarto e começou a me dizer o quanto ele estava triste com a minha situação e com o meu estado de saúde. Ele disse que em suas orações tem "questionado" a Deus por que eu estou passando por isso se sou um homem bom e me dedico à Sua obra e à pregação do Evangelho. Apesar de entender que ele estava um pouco confuso em me ver nessa situação, fiquei pensativo enquanto ele compartilhava comigo as suas inquietações e questionamentos, tentando entender o seu ponto de vista. Cheguei à seguinte conclusão: a vontade ativa e permissiva de Deus é um dos grandes pontos cegos da fé de grande parte da Igreja. Como discernir quando Deus faz e quando Ele permite?

## "NINGUÉM EXPLICA DEUS"

Não tenho a menor pretensão de estabelecer uma doutrina a respeito da vontade ativa e permissiva de Deus; na verdade, não pretendo nem ao menos apresentar respostas, mas propor algumas reflexões. No evangelho de Mateus, no capítulo 14, lemos o relato de uma tempestade que marcou a história dos discípulos. Eles haviam acabado de participar do milagre da multiplicação de pães e peixes e haviam alimentado uma multidão com cerca de cinco mil homens, sem contar mulheres e crianças. Imagino o quanto eles estavam eufóricos em ver aqueles sinais se manifestando diante dos seus olhos.

Existe um detalhe importante nessa passagem que muitas vezes passa despercebido. Jesus insistiu com os discípulos para que eles entrassem no barco e fossem antes d'Ele. Em seguida, eles enfrentaram uma tempestade que marcou sua história. Será que Jesus insistiu para eles irem na frente porque desejava que fossem experimentados em meio àquela tempestade? Será que Jesus forçou os discípulos a entrarem naquele barco porque já sabia que uma tempestade os atingiria e queria revelar o Seu poder em meio a ela? Esse seria então um exemplo claro do próprio Deus de forma ativa arrastando Seus discípulos para um momento de crise para Se revelar em meio a ela.

Logo em seguida, Jesus insistiu com os discípulos para que entrassem no barco e fossem adiante dele para o outro lado, enquanto ele despedia a multidão. Tendo despedido a multidão, subiu sozinho a um monte para orar. Ao anoitecer, ele estava ali sozinho, mas o barco já estava a considerável distância da terra, fustigado pelas ondas, porque o vento soprava contra ele. Alta madrugada, Jesus dirigiu-se a eles, andando sobre o mar. (Mateus 14.22-25)

Confesso que acho sem sentido Jesus nos colocar de forma intencional em crises que Ele mesmo vai nos livrar depois; seria diminuir demais o poder redentor de Jesus a alguém querendo apenas nos impressionar com Seu poder sobrenatural. Seria como imaginar um bombeiro que, depois de atear fogo em uma casa, apaga todo o incêndio só para mostrar o quanto é bom e confiável. Não, eu não acredito que Jesus gere doenças, crises ou tragédias para atrair ou transformar pessoas. Isso iria de encontro ao Seu caráter. O que acredito, como falei alguns capítulos atrás, é que Ele não desperdiça nenhuma das nossas experiências.

Quero te convidar a olhar essa mesma passagem por uma perspectiva diferente, lembrando que são apenas reflexões. Acredito que a insistência de Jesus para que os discípulos fossem antes d'Ele tem a ver apenas com uma coisa: Ele queria ter tempo a sós com o Pai. Jesus havia ministrado para milhares de pessoas sedentas, e, enquanto os discípulos embarcavam para atravessar para o outro lado, Jesus ainda permaneceu ali despedindo a multidão. Assim que Ele dispersou a multidão, subiu ao monte para orar. Depois de um dia inteiro ministrando para milhares de pessoas, imagino que tudo o que Ele desejava era se recolher (como de costume). E a tempestade? Ah, sim, a tempestade. Ela apareceu no meio do caminho, como as tempestades que enfrentamos quando menos esperamos. Mas assim que os ventos fortes começaram a castigar o barco, lá vem Jesus caminhando sobre as águas e gritando para que todos pudessem ouvir: "Coragem! Sou Eu. Não tenham medo!".

> _Há quem acredite que Deus nos coloca em algumas tempestades para testar a nossa fé ou nosso amor, a fim de descobrir a qualidade deles. Ele já os conhece. Quem precisa descobrir somos nós.

Vamos ser bem sinceros. Existem muitas "tempestades" que enfrentamos que são fruto de escolhas erradas que fizemos. É como tomar um banho quente, dormir sem camisa no sereno e com meias molhadas nos pés. Seria uma ignorância acreditar que é um propósito de Deus nesse caso que eu tenha uma pneumonia, quando fui eu que fiz todo o possível para que isso acontecesse. Ele não vai interferir em nossas escolhas, porque isso anularia nosso livre-arbítrio. São nossas escolhas, na verdade, que vão determinar nosso destino.

## TEMPESTADE EM COPO D'ÁGUA?

Neste capítulo refletimos um pouco sobre "tempestades" que enfrentamos e se, de fato, Deus permite ou até mesmo nos empurra para algumas delas. Falamos também sobre "tempestades" que nós mesmos criamos através de escolhas erradas que fazemos, e eu não poderia deixar de falar sobre tempestades em copo d'água. Existem momentos que encaramos como sendo momentos de crise que podem ser apenas um desafio comum. A perspectiva com que olhamos para eles faz com que pareçam muito piores do que de fato são. Aprendi com um pastor que eu admiro muito que existem etapas que Deus chama de processo e muitas pessoas veem como problema. Talvez por estarem mal-acostumados com uma atmosfera extremamente favorável, por vezes perdem a noção do que realmente é uma tempestade. O escritor Philip Yancey comenta em um de seus livros sobre as igrejas perseguidas na Ásia, e como elas encaram esse desafio. Alguns problemas que enfrentamos perdem totalmente o sentido quando somos constrangidos com realidades como esta:

> Tenho um amigo que voltou recentemente de uma visita a países asiáticos onde cristãos sofrem perseguição. Os cristãos na Malásia disseram a ele: "Somos muito abençoados, porque na Indonésia eles estão matando os cristãos, mas aqui só temos que suportar discriminação e restrições às nossas atividades".
>
> Na Indonésia, onde os cristãos realmente estão morrendo por causa de sua fé, eles disseram: "Somos muito abençoados, porque na Malásia eles não podem publicar o Evangelho livremente, mas aqui ainda podemos...". [...] Quando as dificuldades surgem, os cristãos em países ricos tendem a orar: "Senhor, afasta esta provação de nós!". Em vez disso, tenho ouvido cristãos perseguidos, e alguns que vivem em países muito pobres, orarando: "Senhor, dá-nos força para suportar esta provação".

Depois que minha família passou pelo processo da falência, tivemos que nos adaptar de várias formas. Foi muito difícil enfrentar tudo isso porque você é bombardeado por todos os lados. Seu emocional fica abalado, sua autoestima e humor estão zerados e ainda tem que lidar com a humilhação de retroceder em tudo que você demorou anos para conquistar. Não tenho ideia do que passou pela cabeça dos meus pais enquanto viam tudo desmoronar, mas tenho certeza que ninguém está preparado para isso. Quando vendemos nossa casa, precisamos nos mudar para um apartamento em uma cidade vizinha. Minha mãe foi a parte mais afetada nessa mudança. Talvez por estar tão apegada aos cuidados com a casa e ter se envolvido em cada detalhe e reforma durante os últimos dezessete anos naquele lugar. Lembro que isso a deixou muito abatida, era comum esse assunto ser cercado de choro e nossa preocupação era que isso desencadeasse uma depressão. Sempre que tocávamos nesse assunto, seus olhos se enchiam de lágrimas.

Uma chave virou na vida dela depois de um testemunho. Meus pais estavam conversando com um casal de amigos no final de um culto, e o casal fez a seguinte pergunta: "Vocês já conhecem o nosso testemunho?". Meus pais não tinham ideia do que ouviriam a seguir. Aquele casal havia perdido seus dois filhos num curto espaço de tempo. Ambos tiveram uma morte súbita antes de completarem trinta anos. Depois dessa perda, eles poderiam ter se prostrado e desistido de tudo, ou recomeçar e escrever uma nova história. Foi exatamente o que eles fizeram, adotaram uma criança e reconstruíram sua família a partir dos escombros.

Naquela noite, minha mãe ficou meditando sobre o que havia perdido e o que ainda estava ao seu alcance. Meu pai, eu e minha irmã continuávamos lá, ao lado dela, e isso era tudo o que ela precisava. Secou as lágrimas, deixou para trás o que passou e deu espaço para o novo de Deus entrar em cena. Quando somos confrontados ou constrangidos com problemas "maiores" que os nossos, passamos a dar real valor a tudo que temos e menos valor ao que estamos enfrentando. Percebo que muitas vezes a medida com que encaramos os nossos problemas está descompensada. Talvez isso seja um alerta de que estamos passando tempo demais ocupados só com nós mesmos. Existe vida além do nosso umbigo.

> _Concentre-se nos gigantes, e você tropeçará. Concentre-se em Deus, e seus gigantes tropeçarão.
> – Max Lucado

00:00:13

ARQVP /// 13
_0210

/// CAP. 13

# QUARTO 210

"O que me limita não são as paredes ao meu redor, mas as paredes dentro de mim."

210 é o número do meu quarto no hospital. Tenho passado semanas aqui enquanto a vida segue lá fora. Decidi que esses dias não seriam dias desperdiçados e que coisas incríveis aconteceriam aqui dentro também. Entendi desde o início da minha internação que dependendo da forma como eu tratasse esse período aqui, 210 poderia ser o número de uma cela, um cativeiro ou qualquer outra coisa. Decidi que seria o número do meu lugar secreto.

Alguns dias atrás, fui surpreendido por uma visita. Já era noite e eu estava deitado quando entrou no meu quarto um pastor que é amigo da minha família. Conversamos um pouco sobre o meu estado de saúde e os livramentos que Deus me deu, e não demorou muito para que ele começasse a se abrir e compartilhar o que estava vivendo. Depois de algum tempo de conversa, ele estava em prantos falando sobre como sentia falta de ter experiências genuínas com Deus e que não sabia o porquê de estar me falando essas coisas, mas via em mim alguém que poderia ajudá-lo. Ali estava eu, deitado num leito de hospital. Aos olhos dos enfermeiros de plantão naquela noite, apenas o paciente do quarto 210. Aos olhos de Deus, um instrumento vivo pronto para ser usado.

Alguns anos atrás, algo extraordinário aconteceu em uma penitenciária da África do Sul. Ela era conhecida por ter índices muito altos de violência entre os detentos, até que uma mulher chamada Joana foi convidada para iniciar um programa de controle de raiva e domínio próprio. Ela usou como base para o seu programa o amor e disseminou entre eles esse princípio. Aos poucos, a realidade dentro daquele lugar começou a ser transformada até chegar ao ponto de ser uma das penitenciárias com menor índice de violência do país. Quando perguntaram a ela sobre como conseguiu alcançar esse resultado, ela respondeu: "Deus já estava presente ali, só precisei torná-lO visível". A onipresença de Deus nos garante que Ele está em todos os lugares, mas isso não significa que Ele Se manifeste em todos os lugares. Uma das formas mais simples disso acontecer é quando deixamos Ele Se revelar através de nós.

Um médico amigo ficou surpreso em ver como eu estou bem mesmo depois de tantos dias no mesmo espaço, sem poder sair do quarto. Eu comecei a descrever para ele o quanto estava feliz ali com algumas mudanças que consegui fazer. Transformei a mesinha de canto em uma biblioteca, mudamos o sofá de lugar, amarramos a cortina para deixar o sol entrar o dia todo, além de algumas outras coisas. O ambiente em que estamos reflete como está o nosso interior também, e não me refiro só ao ambiente físico, mas à atmosfera onde você está. Um quarto de hospital pode ser um lugar extremamente agradável se for cercado de gratidão e alegria, assim como uma cobertura de frente para a praia pode ser uma prisão dependendo de quem está nela. Vou usar uma citação bastante conhecida, mas que não deixa de ser uma grande verdade: "Jesus se manteve firme em meio a um deserto, enquanto Adão pecou no paraíso". O ambiente em que estavam foi mero cenário de fundo, o que determinou a história, na verdade, foi aquilo que os movia.

## DORMINDO EM PAZ

Eu creio que as realidades dentro de mim transformam as realidades ao meu redor. Jesus fala a todo tempo com os discípulos acerca de uma nova realidade interior, que não tem nada a ver com o que os nossos olhos veem. Sou apaixonado por uma passagem que fala de um momento marcante entre Jesus e os Seus discípulos. Jesus dormia em paz enquanto navegavam; os ventos entorno deles, por sua vez, estavam cada vez mais fortes até que veio sobre eles um forte vendaval. O barco em que estavam começou a inundar e os discípulos então se desesperaram e foram acordar o Mestre. Acho interessante o fato de mesmo em meio a um vendaval e um barco cheio de água, Jesus continuar dormindo tranquilo. Muitas vezes, quando eu lia esse texto, me chamava a atenção a autoridade de Jesus em acalmar a tempestade e o mar com o poder da Sua palavra. Mas existe algo tão poderoso quanto acalmar uma tempestade que é ter paz a ponto de dormir em meio a ela. Os discípulos se impressionaram ao ver Jesus dando ordens ao mar e aos ventos, mas talvez tenha passado despercebido aos seus olhos que as realidades ao redor de Jesus simplesmente se submetiam às realidades que existiam dentro d'Ele.

Duas coisas mantinham Jesus seguro em meio àquela tempestade. Havia n'Ele a paz que excede todo entendimento, e quando isso foi externado, houve paz também. E havia n'Ele convicção a respeito da promessa.

Jesus sabia exatamente quem era e o que havia sido prometido pelo Pai a Seu respeito. Ele sabia o que as Escrituras e os profetas declararam sobre Si. O Cordeiro de Deus que viria para tirar o pecado do mundo seria feito maldito num madeiro. Ele sabia o que o aguardava, havia um caminho de cruz pela frente, portanto seria impossível Ele morrer naquele momento porque o Pai já havia Lhe revelado o Seu propósito, e isso era suficiente. O que aprendo com isso é que a convicção a respeito das promessas de Deus para mim me faz ter paz em meio às tempestades. Quando eu sei o que Ele me prometeu e o que me espera, não fico ansioso diante dos desafios; eles não vêm para me parar, são apenas parte da minha jornada.

> Enquanto navegavam, ele adormeceu. Abateu-se sobre o lago um forte vendaval, de modo que o barco estava sendo inundado, e eles corriam grande perigo. Os discípulos foram acordá-lo, clamando: "Mestre, Mestre, vamos morrer!". Ele se levantou e repreendeu o vento e a violência das águas; tudo se acalmou e ficou tranquilo. "Onde está a sua fé?", perguntou ele aos seus discípulos. Amedrontados e admirados, eles perguntaram uns aos outros: "Quem é este que até aos ventos e às águas dá ordens, e eles lhe obedecem?". (Lucas 8.23-25)

## DE DENTRO PARA FORA

> A multidão ajuntou-se contra Paulo e Silas, e os magistrados ordenaram que se lhes tirassem as roupas e fossem açoitados.

Depois de serem severamente açoitados, foram lançados na prisão. O carcereiro recebeu instrução para vigiá-los com cuidado. Tendo recebido tais ordens, ele os lançou no cárcere interior e lhes prendeu os pés no tronco. Por volta da meia-noite, Paulo e Silas estavam orando e cantando hinos a Deus; os outros presos os ouviam. De repente, houve um terremoto tão violento que os alicerces da prisão foram abalados. Imediatamente todas as portas se abriram, e as correntes de todos se soltaram. (Atos 16.22-26)

Outro momento incrível na História da Igreja aconteceu quando Paulo e Silas foram presos. Depois de sofrerem açoites, foram lançados em uma cela extremamente fortificada, no interior da prisão. Seus pés foram presos num tronco e estavam sendo vigiados de perto. Eles começaram a orar e a louvar, e então algo inesperado aconteceu (pelo menos para os presos das celas ao lado). Um terremoto abalou os alicerces daquele lugar e as portas e correntes não os prendiam mais. Eu não poderia deixar de chamar sua atenção para o fato de Paulo e Silas estarem louvando em meio ao cativeiro; acredito que essa é uma chave que revela o que aconteceu momentos depois. Louvor é uma expressão genuína de liberdade; por mais que estejamos tristes em alguns momentos ou até angustiados, nosso louvor é uma linguagem com a qual declaramos que somos livres. Aos olhos de todos que estavam próximos de Paulo e Silas, eles eram dois homens cativos, mas havia algo neles que era poderoso: o seu interior era livre! Quando eles externaram aquilo que era uma realidade dentro deles, a liberdade destruiu tudo que os acorrentava.

Este é um dos grandes paradoxos do Reino de Deus; alguém que está cativo agora não só experimenta liberdade como compartilha isso com quem está perto. Todos que estavam cativos junto com Paulo e Silas foram libertos juntamente com eles também. É assim que o poder de Deus se revela através de nós. Não se limita a nós mesmos, porque se fosse assim seríamos o centro. Mas, na verdade, passa por nós, nos tornando simplesmente canais pelos quais Ele flui. Aqueles homens podem ter seguido a sua vida sem experimentar nenhuma mudança de atitude. Podem ter voltado a cometer os mesmos erros e a se envolver com as mesmas coisas que um dia os tornaram cativos. Mas uma coisa se tornou inegável para eles a partir daquele encontro. A liberdade estava disponível.

Conheço muitas famílias que sofrem na expectativa de que seus filhos ou pessoas próximas se rendam a Jesus também. Isso se torna muito mais leve quando eu entendo que tudo o que eu posso fazer é manifestar dentro da minha casa a liberdade que eu declaro que há n'Ele. Quando isso acontece, aqueles que estão perto de mim têm a real possibilidade de ter um encontro palpável com um Deus, até então, invisível. Mas o que eles vão fazer com isso não está mais ao meu alcance.

> _O Reino de Deus se expande dentro de nós e através de nós.

## O QUE EU PRECISO FAZER?

Outro momento surreal acontece quando o carcereiro pergunta para Paulo: "O que eu preciso fazer para ser salvo?" (Atos 16.27-33). Aquele que antes os tornava cativos agora pergunta a eles como poderia se tornar livre também. Tanto ele como toda a sua casa foi alcançada naquela mesma noite e todos foram batizados. Isso demonstra como é irresistível quando nossa mensagem toma forma e ganha vida mesmo sem que usemos uma palavra sequer para que isso aconteça. Paulo e Silas poderiam falar a respeito da liberdade que existe em Cristo Jesus para aquele carcereiro durante horas antes desse acontecimento e talvez nada aconteceria. Mas quando a mensagem que eles carregavam dentro de si se tornou real, aquele homem passou a dar ouvidos ao que eles tinham para falar. Nossa mensagem sempre será melhor aceita quando revelamos o caminho antes de, simplesmente, apontar para ele.

> _Você tem autoridade para ministrar sobre aquilo que é real em você!

## LIBERDADE NÃO É FUGA!

Quando amanheceu, os magistrados mandaram os seus soldados ao carcereiro com esta ordem: "Solte estes homens". O carcereiro disse a Paulo: "Os magistrados deram ordens para que você e Silas sejam libertados. Agora podem sair. Vão em paz". (Atos 16.35-36)

Depois que as celas foram abertas e as correntes não prendiam mais Paulo e Silas, eles não saíram simplesmente andando e foram embora como se nada tivesse acontecido. Ainda existia sobre eles uma sentença. Eles aguardaram até que chegasse no dia seguinte a ordem para que fossem de fato libertados. Meditei um pouco sobre esse posicionamento deles, em permanecer mesmo depois das cadeias terem sido destruídas, e entendi que esse comportamento estava ligado a um princípio básico: liberdade não é fuga.

Eles poderiam se contentar com uma liberdade parcial, mas carregariam consigo a vergonha de serem fugitivos. Quando aqueles que os prenderam declararam que estavam livres, eles tiveram então o reconhecimento que nada mais os tornava cativos. Não podemos confundir essas duas realidades. Existe um abismo gigante entre ser livre e fugir. Quando entrei neste quarto de hospital pela primeira vez, decidi que não fugiria da realidade que estava diante dos meus olhos, fingindo que nada estava acontecendo, mas também não me tornaria cativo a ela. Sobre mim, uma sentença já foi liberada: "Onde está o Espírito do Senhor, ali há liberdade" (2 Coríntios 3.17).

00:00:14

ARQVP /// 14
_SOBDM

/// CAP. 14

# SÓ O BARULHO DO MAR

"Tua voz me chama sobre as águas
Onde meus pés podem falhar
E ali Te encontro no mistério
Em meio ao mar, confiarei."
(Hillsong United)

Não gosto muito de praias quando elas estão lotadas, apesar de gostar muito da atmosfera que gira em torno de uma praia deserta, da textura que a areia tem – e de como os nossos pés afundam à medida que andamos nela – do cheiro do mar e do vento que sopra forte na orla. Sou na verdade apaixonado pelo mar! Sempre me chamou muito a atenção tudo ligado a ele. As cores, as histórias, os barcos, a vida que existe dentro dele e tudo que esteja relacionado a isso. Talvez seja por ter sido criado numa cidade cercada de praias e lugares perfeitos para mergulho; minha cidade natal foi construída sob as bases de pesca e cultura das salinas, onde o sal marinho é produzido.

Já mergulhei várias vezes sem cilindro, o que chamamos de apneia, embora não seja nenhum profissional nesse tipo de esporte. Pesquei com arpão algumas vezes, ou pelo menos tentei. Eu me esforcei para aprender a surfar, mas não passou de duas ou três tentativas, ficando bem claro que eu não tenho muita afinidade com as pranchas. Talvez eu não tenha me esforçado tanto para aprender, admito! Participei também de algumas edições de um programa de treinamento dos bombeiros para crianças e jovens que aconteciam sempre durante as férias da escola. Chegávamos cedo todos os dias e fazíamos simulações de resgate, primeiros socorros e coisas do tipo. Não me lembro de muita coisa além de como evitar queimaduras com água-viva, urinando sobre as partes do corpo que tivessem sido "queimadas", ou como gritar por socorro se avistasse alguém se afogando.

Apesar de ter algumas tentativas frustradas em me tornar um mestre dos mares (não mencionei as frustrações que tive tentando pescar também, mas essas ficam para um próximo livro), decidi comprar um caiaque durante o verão de 2014 e acredito que foi um dos melhores investimentos que eu fiz naquele ano! Criei uma certa rotina pela manhã, principalmente nos finais de semana. Eu acordava cedo, colocava o caiaque em cima do carro, ligava o rádio e ia para Búzios remar nas águas da Praia da Ferradurinha ou, então, para Arraial do Cabo, nas águas transparentes da Prainha. Se você não conhece esses lugares, pare alguns minutos para fazer uma pesquisa rápida no Google e vai entender muito melhor o que eu estou falando.

É indescritível a sensação de liberdade e de vitalidade quando você está dentro do mar. Uma das coisas que eu mais gostava de fazer era ficar imóvel depois de chegar em algum ponto que tivesse uma vista nítida do fundo e sentir a brisa suave, carregada com o cheiro da maresia. Só de me lembrar disso, consigo quase que me transportar para aqueles dias. Como eles fizeram bem para mim!

Agora eu quero convidá-lo a imaginar um mar calmo e você sendo levado de forma suave pelo vento para onde ele quiser soprar. O barulho das ondas se formando debaixo de você e alguns cardumes passando bem debaixo do seu barco enquanto você flutua a despeito de qualquer coisa que tenha deixado em terra. O tempo passa num ritmo diferente quando estamos lá; as coisas fúteis perdem o sentido e tudo o que pensamos ganha um ar nostálgico. Literalmente, enquanto escrevo este capítulo, sou interrompido a todo tempo por enfermeiros que entram no quarto para medir a saturação do meu sangue, a glicose, a pressão arterial, ou colocar mais antibióticos e soro na minha veia. Talvez pareça completamente paradoxal a comparação com aqueles dias em que eu estava completamente relaxado, flutuando sobre o mar. Mas existe algo que conecta esses dias que tenho passado aqui, numa cama de hospital, com aqueles momentos dentro do meu caiaque. Desconectado de tudo, agora é como se fôssemos só nós dois novamente e o barulho do mar.

> _O que torna um ambiente especial é a presença manifesta de Deus. O Céu é um lugar onde desejo estar por uma simples verdade: Ele estará lá também!

## SOM DO CÉU

Tenho certeza de que estes capítulos que tenho escrito sobre os "três dias no barco com Jesus" serão um instrumento para edificar a fé de muitos acerca do poder de Deus para gerar milagres. Para outros, vai ser um canal de renovo a respeito de como lidar com as circunstâncias adversas que mudam todos os nossos planos sem pedir licença. Compartilhei nos capítulos anteriores sobre como o caráter de Deus se revela diante das doenças e enfermidades; falei um pouco também sobre o poder da fé para mudar as circunstâncias, e não poderia deixar de falar sobre uma das coisas que experimentei nesses "dias no barco" e que tem sido determinantes nos últimos anos do meu ministério. Quero chamar a sua atenção para o poder que existe no secreto e a importância de cessarmos os ruídos ao nosso redor para entender o que Deus está falando conosco.

Algum tempo atrás, eu vivi algo que foi inesperado, mas que com certeza virou uma chave dentro de mim. Nós alugamos uma casa no início do ministério de jovens o qual eu liderava e a chamamos carinhosamente de "Casarão do Next". Ela era uma casa pastoral para os jovens da igreja, e funcionava como local de encontro, espaço de comunhão onde os jovens se reuniam para orar, passar tempo juntos, assistir a jogos de futebol, fazer festas surpresas ou churrascos aleatórios, enfim. Era um dia comum no meio da semana e eu estava na minha sala organizando algumas coisas até que do nada fui surpreendido pela visita de um pastor que eu tenho uma admiração absurda. Ele me fez então uma pergunta: "Quanto tempo você passa no secreto por dia? Quanto tempo você separa para orar no Espírito e se edificar?".

A minha resposta não foi nenhuma surpresa para ele: "Depende". Essa talvez seja uma das respostas que mais usamos hoje em dia e ela é também reflexo da forma como encaramos muitas coisas. Tratamos coisas vitais como se tudo fosse relativo. Respondi então para ele, um pouco sem graça e sem entender ainda aonde ele queria chegar: "Depende da minha semana, se estou muito corrido ou não, se vou pregar naquele dia ou não, enfim... Depende". Ele olhou para mim e liberou algo que vou sempre carregar comigo: "Com o chamado que você tem e os sonhos que carrega dentro de você, se não tiver tempo com Deus em secreto, vai ser só um aventureiro!". Depois disso ele fechou a porta, entrou no carro dele e saiu. Aquelas palavras ficaram ecoando dentro de mim por um tempo e, por mais que eu tivesse ficado incomodado com a resposta, dentro de mim algo mudou depois daquele encontro.

Tenho vivido coisas incríveis desde aquele dia. Não consigo mais ficar sem priorizar meu tempo com Deus independentemente da rotina que eu esteja vivendo. É poderoso demais o que experimentamos através do relacionamento com o Espírito Santo. Toda direção, toda resposta, revelação na Palavra, tudo isso vem d'Ele quando estamos disponíveis para o Seu agir. Mas, para ouvir o som do Céu, eu preciso deixar de ouvir os ruídos ao meu redor.

Eu tive uma professora de Literatura que se posicionava de uma forma muito diferente em relação à bagunça que fazíamos na sala. É muito comum ver professores se esforçando para falar enquanto os alunos ainda estão agitados e conversando cada um sobre um assunto diferente. Alguns professores são mais enérgicos quando querem a atenção da turma, outros são mais incisivos e aumentam o tom de voz até retomar o controle sobre a aula. Mas ela era diferente. Quanto mais alto nossa turma falava, mais baixo ela impostava o seu tom de voz. Chegava a ser desafiador, às vezes, entender o que ela estava falando, mas eu aprendi com isso um princípio.

**PLAY** ▶  CAP_ 14

Se você quer ouvir o que eu tenho para falar, precisa se destacar da multidão e se aproximar de mim.

## RUÍDOS

Uma das passagens mais conhecidas da Bíblia fala sobre Jesus ressuscitando a filha de Jairo e, por mais que você já conheça e tenha lido inúmeras vezes essa história, quero chamar sua atenção para um ponto chave tão importante quanto o poder de ressurreição que fluiu de Jesus para aquela menina. Quero falar sobre o poder da multidão e como os ruídos podem nos roubar a oportunidade de experimentar milagres.

> O grupo chegou à casa do oficial e abriu caminho entre os fofoqueiros, sempre ávidos por uma novidade, e pelos vizinhos, que haviam trazido comida. Jesus foi ríspido com eles: "Afastem--se! A menina não está morta". Assim que se livrou da multidão, Ele entrou, pegou a mão da menina e a levantou – viva! A notícia logo se espalhou e correu por toda a região. (Mateus 9.23-26 – A Mensagem)

Quando Jesus chegou àquela casa, a notícia de morte já havia chegado antes. A família estava cercada por curiosos, vizinhos e fofoqueiros, como Eugene Peterson frisa bem na versão bíblica "A Mensagem". Em algumas outras versões da Bíblia, percebemos que já haviam também músicos, ou seja, já davam como certo a morte da menina e estavam em meio ao seu "funeral". A primeira coisa que Jesus faz antes de entrar na casa é ordenar que toda a multidão saia. É importante aprendermos com cada posicionamento de Jesus, porque eles carregam alguns detalhes que são poderosos. Antes de Jesus operar aquele milagre, o conselho da multidão precisaria sair. Aliás, Ele só entrou na casa depois que toda a multidão saiu dela.

Jesus se assegura de manter naquele ambiente apenas pessoas que criam naquilo que seria realizado através do poder de Deus. O conselho da multidão não pode fazer nada diante da morte, mas Ele pode. Eu só consigo ter minha esperança firmada em Deus quando eu não tiver esperança em mais nada além d'Ele. Acho incrível também o fato da multidão rir de Jesus quando Ele declarou que a menina não estava morta (isso aparece em algumas versões da Bíblia). Experimentamos isso muitas vezes quando cremos em uma palavra que Deus liberou a nosso respeito, e que parece impossível de se cumprir aos olhos de quem nos cerca. Muitas vezes, as promessas de Deus para nós são motivo de riso e descrédito para as pessoas ao nosso redor, mas assim que se cumpre aquilo que Ele prometeu, todos são obrigados a reconhecer que a fé não limita Deus, e Deus não limita a fé!

No versículo 26, lemos que "A notícia deste acontecimento espalhou-se por toda aquela região". Parece que a mesma multidão que riu e duvidou do que Jesus havia declarado agora se tornou então propagadora das boas novas. Em todo o ministério de Jesus, vemos as multidões tendo comportamentos quase bipolares a respeito d'Ele. Em alguns momentos O recebem com festa, em outros gritam "Crucifica-O". Em alguns momentos querem torná-lO Rei, em outros O abandonam porque o Seu discurso carrega palavras duras. Ver a multidão mudando de ideia a todo tempo não é algo novo e não é, de fato, o problema. O problema acontece quando eu passo a fazer da voz da multidão o meu norte e, ao mesmo tempo, quero entender a direção que Deus tem para mim.

Quero fazer uma analogia entre as vozes ao nosso redor e o ruído na nossa comunicação com Deus. Duas coisas são imprescindíveis para ouvirmos bem uma estação de rádio, por exemplo: o alcance da frequência e a ausência de ruídos. Não sei se você tem ideia disso, mas neste momento estão passando por você centenas de ondas de rádio carregando todo tipo de informação. Mas por que não estamos ouvindo? Porque não estamos sintonizados nelas. Existem pessoas que questionam o silêncio de Deus quando, na verdade, o mais provável é que não estejam ouvindo o que Ele está falando ou estejam confundindo a Sua voz com a da multidão. Tão importante quanto buscar em Deus direção é estar disposto a abrir mão de todo conselho que não venha d'Ele.

Talvez você esteja se perguntando: "Como eu consigo me livrar desses ruídos na minha comunicação com Deus e abrir mão das vozes ao meu redor? Preciso me isolar de tudo para isso?". Por mais que momentos como este que estou vivendo exatamente agora, isolado de quase tudo que fazia parte da minha rotina e sozinho num quarto de hospital, sejam propícios para criar esse ambiente seguro de intimidade com Deus, sem ruídos ou interferências, nossa relação com Ele não se limita a isso. Você não precisa se isolar do mundo para ouvir Deus, muito menos se alienar e se afastar de todos para que os ruídos não o atrapalhem mais. Precisamos na verdade entender que no meio de toda essa correria, existe um lugar seguro para nos relacionarmos com Ele; vamos chamá-lo de "lugar secreto".

Jesus não vivia fugindo das multidões e se isolando de todos, seria ridículo pensar assim, até porque o Verbo Se fez carne e habitou no nosso meio com o propósito de Se revelar para nós e manifestar o poder do Pai sobre nós, mas Ele não ficava todo tempo no meio do povo. Jesus valorizava o "lugar secreto", e a minha pergunta é: "Por que nós acreditamos que podemos viver de forma plena sem isso?".

[...] Quando você orar, vá para seu quarto, feche a porta e ore a seu Pai, que está em secreto. Então seu Pai, que vê em secreto, o recompensará. (Mateus 6.6)

## O PODER DO SIMPLES

Hoje recebi a visita da Ceci aqui no quarto, e é sempre maravilhoso quando ela vem! Ela chega me "ignorando" um pouco, como se estivesse esperando ser conquistada, e aos poucos vai se aproximando de mim. Descobri um truque infalível, deixá-la "brincar" um pouco com o controle do meu leito (é uma cama automática que sobe e desce, inclina e faz mais algumas coisas que não uso muito). Hoje ela deitou comigo e ficou encantada em poder controlar a cama. Uma criança consegue se desconectar de tudo quando uma brincadeira nova surge, inclusive do fato de estar num hospital visitando o seu pai com alguns tubos de soro e antibióticos no braço. No universo de uma criança, uma cama de hospital que sobe e desce pode ser a coisa mais incrível do mundo. Isso acontece porque elas são ingênuas apenas? Isso seria menosprezar a força da pureza. Isso acontece porque elas são SIMPLES!

> _O poder do SIMPLES se revelou na pessoa de Jesus, no Seu estilo de vida e na Sua mensagem. Mas isso não tirou d'Ele o poder de transformar morte em vida!

Jesus foi simples e ao mesmo tempo poderoso. As duas coisas não se anulam, ao contrário do que pensamos muitas vezes. Simples não significa superficial. Em relação à intimidade com Deus e à nossa oração, essa verdade toma uma forma ainda maior. Deus não está preocupado com nossa oratória ou com o tom de voz que usamos — será que isso impressionaria Aquele que criou todas as coisas quando elas não existiam e vai permanecer depois de todas elas passarem? Se existe uma coisa que chama a atenção do Criador é o coração da criação batendo por Ele novamente.

O mundo está cheio de pessoas que se julgam guerreiros de oração, mas que nem sabem o que é orar. Utilizam-se de fórmulas, programas, conselhos e técnicas de vendas para conseguir o que querem de Deus. Não façam essa asneira. Vocês estão diante do Pai! E ele sabe de que estão precisando, melhor que vocês mesmos. Com um Deus assim, que os ama tanto, vocês podem orar de maneira muito simples [...] (Mateus 6.7-8 – A Mensagem)

A oração do Pai Nosso, por exemplo, que foi ensinada por Jesus como um norte a respeito de como orarmos, muitas vezes é utilizada quase como se fosse um mantra. Se repetirmos sem ao menos meditarmos sobre o que estamos declarando, ela passa a ser apenas um conjunto de palavras sem sentido. As palavras se tornam vazias se não há verdade em nós quando as expressamos. Não há nada de errado com a oração que Jesus nos ensinou, mas podemos estar apenas no modo automático, acreditando que isso é tudo o que o "lugar secreto" tem reservado para nós. Existem algumas verdades a respeito da oração que quero destacar:

- Jesus morreu no meu lugar para restaurar minha identidade n'Ele. Eu não preciso mostrar para Ele alguém que eu não sou; seria um desperdício de tempo;
- A oração não é um canal para que eu apenas peça o que preciso; é um ambiente de intimidade e revelação de quem Deus é;

- Quanto mais eu conheço a pessoa de Jesus e o caráter de Deus, mais eu me aprofundo em conhecer quem eu sou também;

- Existe poder na oração de um justo para mudar todas as circunstâncias ao seu redor.

Quando passamos a usufruir da liberdade que existe no "lugar secreto", é inevitável não se imaginar mais vivendo sem ele. Um ambiente de oração simples é capaz de gerar em nós as maiores experiências com Deus. Nosso tempo com Ele não deve ser algo que acontece de vez em quando; na verdade fomos gerados por Ele justamente para termos prazer na Sua presença, ela é suficiente! Que tal tirar alguns minutos para experimentar isso agora mesmo? Busque um ambiente em que nada o distraia, deixe o Espírito Santo invadir o seu coração e preencher todo o vazio que possa haver n'Ele, alinhar o seu coração ao coração do Pai, trazer respostas para as suas dúvidas e liberar sobre você a paz que excede todo entendimento. Faça disso um hábito e seja bem-vindo ao "lugar secreto".

00:00:15

ARQVP /// 15
_SA

/// CAP. 15

# SEM ANESTESIA

"É incompreensível para o mundo quando pregamos que Jesus é suficiente. Mas é irresistível quando vivemos contentes de tal forma que essa verdade fique clara mesmo sem usarmos palavras."

Decidi tornar este tempo aqui um memorial de gratidão para que todos que venham me visitar saiam mais inspirados do que quando chegaram. É impressionante o poder do contentamento e o quanto ele pode afetar as pessoas ao nosso redor. Quando vemos alguém enfrentando uma situação difícil e mesmo assim permanecendo contente, isso nos constrange a refletir sobre o quanto estamos felizes com o que temos. É como aquele encontro que citei num capítulo anterior entre meus pais e um casal de amigos que havia perdido os seus filhos e estavam firmes enquanto reconstruíam sua história. Isso gerou nos meus pais de início um estranhamento, "como eles conseguem estar tão contentes mesmo passando por isso?", mas em seguida provocou neles uma profunda reflexão a respeito do que já tinham e como estavam dando pouco valor a isso. Quando Jesus nos diz que a Sua graça nos basta, isso é profundamente confuso para quem não experimentou essa verdade ainda, mas é somente dessa forma que o mundo irá desejar ter o que temos, a saber Jesus, quando olharem para nós em meio a circunstâncias difíceis que enfrentamos e perceberem que, a despeito delas, nós permanecemos contentes. Estar contente tem muito mais a ver com a perspectiva com que encaramos as circunstâncias do que as circunstâncias em si. É na verdade um convite a descansar, na certeza de que já temos mais do que merecíamos ter (graça) e menos do que ainda vamos experimentar (favor).

Recebi uma visita estes dias de um grande empresário, e enquanto compartilhava com ele o que estou vivendo aqui, me lembrei do que diz o apóstolo Paulo, "aquilo que para o mundo é loucura, para nós se revela como poder de Deus". Eu estava contando para ele o quanto estou feliz com tudo o que Deus tem feito neste período, como estou sendo cuidado por Ele em cada detalhe, desde os médicos que têm me ajudado até o suporte que tenho tido por parte da família e de amigos. Falei sobre as experiências com Deus que eu tenho vivido aqui e como isso tem tornado este tempo precioso. À medida que eu ia falando sobre cada um desses pontos, o seu semblante ia ficando mais confuso, aquilo era desconexo demais para ele compreender. A sua luta diária é para manter o patrimônio que tem e continuar conquistando cada vez mais, e, em alguns momentos, se abate por conta de um negócio que não foi concluído ou por um novo projeto que não saiu do papel. Como compreender o contentamento de alguém internado há semanas e que trata isso como uma das melhores estações da sua vida? Isso não dá para ser compreendido, porque excede a lógica, mas revela a nossa fé. Se eu me limito a confiar apenas no que eu entendo, eu estou fadado a nunca confiar em Deus.

> _O que vai atrair o mundo para a Mensagem da Cruz é o nosso contentamento, revelando que, de fato, para nós Cristo é suficiente.

## (IN)DIFERENTES

Uma das barreiras que nos impede de entender o quanto esse comportamento pode ser poderoso está ligada ao fato de olharmos para o contentamento como sendo uma fraqueza. É muito comum ele ser combatido como se fosse oposto à ideia de desejar melhorar ou crescer, mas não é esse o padrão bíblico de contentamento. Não tem nada a ver com ser passivo ou se acostumar com cenários difíceis, não está ligado a ser omisso em relação ao que está acontecendo ao seu redor. Muitas vezes confundimos também contentamento com indiferença, como se estar contente fosse, na verdade, não ligar para o que está acontecendo. Na verdade, as distorções a respeito desse tema não são recentes. Quero compartilhar com você parte de um estudo que fala sobre a forma como alguns filósofos tratavam esse assunto na época em que o apóstolo Paulo viveu:

> Os filósofos estoicos do tempo de Paulo tinham uma visão diferente de contentamento. Eles acreditavam que o contentamento era alcançado somente quando alguém chegava ao estágio de total indiferença. Epíteto expôs como alcançar essa condição elevada: comece com uma xícara ou com um utensílio doméstico. Se ele quebrar, diga: "Não me importo". Depois com um cavalo ou um cão de estimação. Se qualquer coisa acontecer a ele, diga: "Não me importo". Por último, com você, se ficar ferido ou machucado, diga: "Não me importo". Assim, se seguindo

adiante e se esforçando bastante, você atingirá um estágio em que poderá ver seus entes mais próximos e queridos sofrerem e morrerem e, ainda assim, você dirá: "Não me importo".[1]

> _Contentamento não é indiferença, assim como Evangelho não é anestesia. Não entender o abismo que existe entre esses pontos é tão frustrante quanto não entender a palavra "suficiente".

Eu estou contente em meio a tudo que estou vivendo nestes dias, embora eu não esteja indiferente a isso. Todos os medicamentos possíveis estão sendo utilizados para me ajudar no tratamento, tenho orado de forma específica para que Deus revele Seu poder através da minha cura, tenho declarado que nenhuma sequela será encontrada no meu coração depois que os exames forem feitos, tenho buscado em Deus estratégias para alcançar pessoas que talvez de outra forma não estariam tão sensíveis à mensagem que eu carrego, enfim; tenho me esforçado a todo tempo para usufruir da melhor forma possível essa experiência e sair dela ainda mais forte do que quando entrei. Mas isso não significa estar indiferente, não significa se entregar às circunstâncias e desistir de lutar, não tem nada a ver com baixar a cabeça e aceitar o que tem vindo ao meu encontro tentando me abater. Estou contente em meio a tudo que

---

[1] Estudo publicado pela Editora Cultura Cristã, na série Expressão – Vencendo a Ansiedade.

tenho vivido porque sei que, se Deus permitiu que eu estivesse aqui, Ele estará comigo também. O apóstolo Paulo fala sobre isso em sua carta aos Filipenses. Ele declara que sabe o que é ter muito e também sabe o que é ter nada, mas isso não o abate. Ele diz, então, que aprendeu o segredo para viver contente em toda e qualquer situação, e revela logo em seguida: "Tudo posso naquele que me fortalece". Essa talvez seja a frase mais utilizada até hoje em adesivos de carro ou em para-choques de caminhão, e é muito comum a encontrarmos espalhada por todo canto como se fosse um manifesto dos crentes. É realmente muito bom espalharmos o segredo de viver contente, o problema é que a maioria de nós não compreende de fato o que isso significa. Muitos acreditam que declarar "Tudo posso naquele que me fortalece" significa que nós podemos fazer todas as coisas que desejamos, mas isso não tem nada a ver com o que Paulo estava afirmando. "Poder todas as coisas" não significa "não precisar passar pelas circunstâncias" ou estar indiferente, mas se manter firme em meio a elas e apesar delas. A declaração de Paulo, em outras palavras, é: sou completo porque tudo o que eu precisava já me foi dado, era escravo e hoje eu sou livre, era órfão e hoje eu sou filho. Posso enfrentar o que for, estou contente porque sei que Ele está comigo. Isso é suficiente!

Sei o que é passar necessidade e sei o que é ter fartura. Aprendi o segredo de viver contente em toda e qualquer situação, seja bem alimentado, seja com fome, tendo muito, ou passando necessidade. Tudo posso naquele que me fortalece. (Filipenses 4.12-13)

## QUEM DISSE QUE NÃO DÓI?

> _Evangelho não é anestesia. Não significa que estamos imunes à dor, mas que a enfrentamos com uma perspectiva diferente!

O propósito deste livro é encorajá-lo a vencer as circunstâncias, e isso não tem nada a ver com fingir que elas não existem. Enquanto eu compartilho com você o que tenho vivido neste período aqui, tenho a todo tempo me preocupado em não passar a falsa impressão de que sou imune à dor, à ansiedade, preocupação ou qualquer coisa do tipo. Eu não estou anestesiado em relação aos meus desafios e às circunstâncias, mas decidi não me submeter a elas. Seria hipocrisia dizer que não tive momentos difíceis aqui. Momentos em que a saudade me deixou um pouco abatido, momentos em que me senti incapaz, momentos em que me senti privado, como no tão sonhado aniversário da Ceci, por exemplo, que aconteceu sem que eu pudesse estar lá e agora as únicas memórias que eu tenho desta festa foram construídas através de fotos e da descrição de outros. Seria loucura dizer que um período como este que estou vivendo não deixa marcas ou lembranças ruins, mas seria ainda mais louco acreditar que o Evangelho promete me manter anestesiado em momentos assim, quando são justamente esses momentos que constroem em mim novos níveis de experiência e me dão propriedade para vencer novos desafios. Descartar a dor da experiência significa se distrair enquanto deveria estar aprendendo.

Alguns anos atrás sofri um acidente de carro. Eu estava indo para Cabo Frio participar de um evangelismo em uma comunidade e tinha acordado bem cedo para chegar a tempo. Lembro que eu lutava contra o sono e estava me esforçando para me manter alerta. Parei num posto e tomei uma porção generosa de café e uma lata de energético para resolver o problema. Mas não resolveu. Acordei do outro lado da pista e quando abri os olhos, tudo que vi na minha frente foi o teto do carro afundado, o para-brisa estilhaçado e assustadoramente o CD que continuava tocando como se nada tivesse acontecido. Não sei se enquanto você lê a descrição deste acidente, está imaginando quantas vezes eu capotei até atravessar quatro faixas de uma autoestrada, mas esta foi a pergunta que eu mais ouvi durante um bom tempo: "Quantas vezes você capotou?". E eu sempre respondia sem pensar duas vezes: "Desculpa, eu estava dormindo, se estivesse acordado para contar nem tinha capotado". Um furgão da Elma Chips e um Mercedes Benz Classe A estavam passando naquele exato momento e foram as primeiras pessoas a me socorrer. Não tive nenhuma lesão, nem um corte sequer, bem diferente de como ficou o estado do carro, que sofreu perda total. Logo em seguida chegou uma ambulância e um carro de socorro (eu estava numa rodovia privatizada, por isso chegaram tão rápido. Acredito que ficaria algumas horas esperando se fosse uma rodovia pública. Mas não quero fazer agora uma análise entre os tipos de estrada que temos no Brasil, vamos voltar ao assunto principal). Eu estava lúcido e bastante preocupado em como conseguiria chegar a tempo para o evangelismo, então recusei o atendimento médico (não é uma coisa legal a se fazer) e precisei assinar um documento oficializando isso. Coloquei meu carro no reboque e assim que minha carona chegou, seguimos viagem. Foi incrível o que vivemos naquele dia com os jovens. Entramos em várias casas para orar pelas famílias, abordamos algumas pessoas na rua, muitos deles tiveram sua primeira experiência de evangelismo e tudo fluiu de forma muito leve. Eu não tinha parado, na verdade, para assimilar o que havia acabado de acontecer comigo, por isso estava tão tranquilo em relação ao acidente, mas assim que cheguei em casa e toda a adrenalina abaixou, eu comecei a chorar copiosamente. Naquele momento caiu a minha ficha e eu entendi que Deus havia me livrado da morte, nada menos que isso.

Acredito que muitas coisas vão passar a fazer mais sentido para mim depois que eu sair daqui. Quando voltar para casa e me sentar com Quezinha e Ceci para tomar café, e conversar com elas sobre todas as histórias que eu vivi durante este período, ou quando voltar para minha igreja e pregar pela primeira vez desde a minha internação. Quando eu gritar novamente: "Seja bem-vindo!" para as pessoas que aceitarem Jesus e vierem à frente durante um culto, quando eu abraçar meus amigos que não vejo há bastante tempo e agradecer por todo o suporte que eles têm me dado, enfim, quando todos esses reencontros acontecerem, eu vou ter de forma mais nítida o entendimento de tudo o que estes dias representaram para mim. A verdade é que algumas coisas que vivemos hoje só serão plenamente compreendidas amanhã. Estamos todo tempo em busca de respostas imediatas, correndo contra o relógio para aproveitar todo o tempo que temos. Mas aprendi que Deus não tem pressa porque Ele é eterno.

00:00:16

ARQVP /// 16
_OANEUI

/// CAP. 16

# O AMOR NÃO É UMA IDEIA

"Todos sabemos que o amor não é uma ideia, ou pelo menos deveríamos saber. O problema de vermos o amor apenas como uma ideia é que podemos estudá-lo, questioná-lo e idealizá-lo de diversas formas, mas nunca conseguiremos senti-lo."

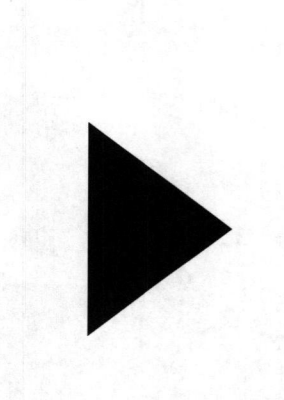

Todos os textos da Bíblia são incríveis e carregados de verdade, mas existem alguns que expressam em poucas palavras a síntese do Evangelho. João 3.16 é um desses textos. Ele por si só já é suficiente para entendermos a profundidade do amor furioso de Deus por nós a ponto de entregar o Seu Filho no nosso lugar. Todas as vezes que paro para refletir sobre isso, me faço a seguinte pergunta: que amor é esse? Ele sequer considerou a possibilidade de nos perder. Muitos conhecem a história de Jesus e Seu sacrifício na cruz, mas não têm ideia do porquê de Ele ter sido crucificado. Não tenho a pretensão de explicar em poucas palavras tudo o que envolveu a redenção, mas quero de forma simples compartilhar o que aconteceu de tão poderoso no Calvário a ponto de dividir a história da criação em duas partes.

> Porque Deus amou o mundo de tal maneira que deu o seu Filho Unigênito, para que todo aquele que nele crê não pereça, mas tenha a vida eterna. (João 3.16)

Havia sobre nós uma sentença por conta do nosso pecado, e era justo que essa sentença fosse paga. O grande problema era o preço dela. A Palavra fala a respeito disso em Romanos 6.23, quando diz que o salário do pecado é a morte. Por que Deus simplesmente não anulou essa sentença se Ele de fato tem poder para isso? A resposta é simples, isso iria ferir o caráter de Deus. A sentença é justa, nós a merecíamos porque todos pecamos e nos afastamos de Deus. E é neste momento que o plano da redenção entra em cena. Deus transfere para o Seu Filho, que nunca havia cometido pecado, todos os nossos pecados, doenças e enfermidades para nos tornar livres!

Quando lemos em João 3.16 que "Deus amou o mundo", essa afirmação poderia terminar exatamente aí, sem que nada fosse falado depois disso, e já seria algo poderoso. "Deus amou o mundo", mas o amor, para ser pleno, exige de nós uma expressão, senão se torna apenas uma ideia. É comum vermos em muitos lugares o manifesto "Mais amor por favor", e fica a seguinte dúvida: tem faltado amor de verdade ou aquilo que nós acreditamos ser amor? Todo o amor de que precisamos já está disponível, muitos na verdade têm se frustrado porque estão buscando a coisa certa no lugar errado. Em nós o amor é uma qualidade, em Deus o amor é a Sua própria identidade, Deus é amor. Não existe falta de amor, o que existe são pessoas vazias de amor, porque ninguém pode dar o que não tem. 1 João 4.19 diz que nós amamos porque Deus nos amou primeiro, por isso toda expressão de amor é gerada por Ele, flui através d'Ele e aponta para Ele.

Dizemos que amamos tantas coisas, mas de fato o que fazemos tem respaldado a nossa fala? Deus certa vez me constrangeu a meditar sobre nossos louvores. Nem tudo o que declaramos enquanto estamos envolvidos pelo ritmo da música se revela em nós enquanto estamos envolvidos com o ritmo da vida. No meu espírito veio a seguinte verdade: "Filho, se vocês vivessem para Mim como vocês cantam para Mim, o mundo seria um lugar diferente". Mas isso não é um problema da Igreja apenas, isso é reflexo de uma geração. Nossa percepção a respeito do que é o amor e do que amamos está tão distorcida a ponto de dizermos que amamos qualquer coisa, desde um IPhone até uma nova série da Netflix. Se o amor que pregamos não envolve uma ação, não é amor. Por isso, João 3.16 não se limita a "Deus amou o mundo", mas continua em seguida falando sobre a dimensão desse amor: "[...] de tal maneira". O amor incondicional de Deus nos alcançou de tal maneira que nada foi capaz de impedi-lO, nada foi capaz de nos separar d'Ele. Em Romanos 8.38-39, temos uma ideia da dimensão desse amor:

> Pois estou convencido de que nem morte nem vida, nem anjos nem demônios, nem o presente nem o futuro, nem quaisquer poderes, nem altura nem profundidade, nem qualquer outra coisa na criação será capaz de nos separar do amor de Deus que está em Cristo Jesus, nosso Senhor. (Romanos 8.38-39)

Em João 3.16 temos então a revelação de que Deus nos ama: "Deus amou o mundo", e temos também a dimensão desse amor: "[...] de tal maneira", mas tudo isso se tornou palpável quando veio acompanhado de uma expressão: "[...] que deu o seu Filho Unigênito". Deus entregou à morte o Seu único Filho "[...] para que todo aquele que nele crê não pereça, mas tenha a vida eterna". No Calvário, Ele deixou bem claro até onde estaria disposto a ir por amor. O amor tomou forma de gente e se apresentou para nós com um novo nome, Jesus.

## FAÇA ALGUMA COISA!

Quando Jesus se entregou à morte, Ele redefiniu o conceito de amor, e não só isso, mas estabeleceu as bases do Evangelho como sendo exclusivamente expressões de amor.

"Ame a Deus acima de todas as coisas e ao seu próximo como a si mesmo". Quando Jesus nos ensina a fazer para o próximo aquilo que desejamos para nós mesmos, Ele está deixando uma coisa bem clara. Não espere que Eu faça aquilo que já designei você para fazer. Seja a resposta de oração para o outro. Faça alguma coisa!

> _Tenho experimentado, neste período, expressões de amor que nunca imaginei, de pessoas que nunca imaginei, assim como também não recebi cuidado de pessoas que sempre imaginei que poderia contar. O que aprendemos em momentos como esses? Que nossa imaginação demonstra o quanto é limitada quando a vida real entra em cena.

Ouvi certa vez de um jovem que ele havia participado de um culto em outra igreja e ficou confuso com algo que ouviu lá. Durante a oração final, o jovem líder que estava à frente encerrou sua oração dizendo assim: "Deus, você precisa nos amar mais!". Eu entendo perfeitamente o porquê daquele jovem ter ficado confuso ao ouvir isso, na verdade até Deus poderia ter ficado confuso ouvindo tal pedido, se isso fosse possível: "Vocês precisam de mais amor? Não têm usufruído nem do que Eu já liberei sobre vocês e Me pedem mais? O Meu amor não conhece limites porque ele é quem Eu sou, Eu sou amor!". Essa poderia ter sido uma boa resposta de Deus àquela oração. Acredito que toda falta de amor percebido por parte das pessoas ao nosso redor é fruto da nossa omissão em dar continuidade ao que Jesus começou aqui. Deixa eu explicar isso um pouco melhor, usando uma citação do escritor Philip Yancey:

> Considere, por exemplo, a excelente pergunta: "Por que Deus não faz alguma coisa em relação à fome global?". As palavras dos anjos depois da ascensão de Jesus ecoam através dos séculos: "Por que vocês estão olhando para o céu?". Nós, os seguidores de Jesus, somos os agentes encarregados de pôr em prática a vontade de Deus sobre a Terra. Com demasiada facilidade, esperamos que Deus faça alguma coisa por nós quando, em vez disso, Deus quer agir por meio de nós.

O escritor fala sobre o episódio em que Jesus está subindo aos Céus, depois de ter ressuscitado e ter passado as instruções finais aos Seus discípulos. É de se imaginar a decepção que eles sentiram ao perceber que Jesus não estaria mais em seu meio, pelo menos não encarnado. Eles continuaram olhando fixamente para o céu, como se esperassem algo novo de lá: "Agora é com vocês!". Acredito que é basicamente isso que os anjos queriam dizer quando perguntaram para os discípulos por que eles ainda estavam olhando para o céu. Talvez a compreensão limitada a respeito do papel do Espírito Santo em nós gere para muitos a dificuldade em entender que, por mais estranho que isso possa parecer, "nós somos o Jesus que ficou por aqui".

> _Existem três tipos de pessoas: as que deixam acontecer, as que fazem acontecer e as que perguntam o que aconteceu.
> — Provérbio escocês

Acredito que a frase acima expresse muito bem como alguns de nós têm se portado em relação ao convite de Jesus, para sermos a expressão de quem Ele é, e para darmos continuidade ao Seu ministério. Ao final, haverá aqueles que disseram "sim" a esse chamado e viveram plenamente o propósito, aqueles que ficaram passivos apenas assistindo o que Deus está fazendo através da Sua Igreja e haverá também aqueles que não têm a menor ideia do que a Palavra está dizendo quando declara que "Cristo em nós, a esperança da glória".

## MEXEU COM UM, MEXEU COM TODOS

> _Para que o amor que a gente prega seja revelado em meio às ruas por onde andamos, ele precisa ser seguido de expressões reais.

Há algum tempo tenho me dedicado ao ministério de jovens e tenho aprendido muito com essa experiência. Trabalhar com jovens significa lidar a todo tempo com as inconstâncias que essa fase carrega, motivando-os a permanecerem firmes e sem desistir. Significa sonhar alto e perder noites de sono gerando projetos que nem sempre vão sair do papel. Significa dedicar todo tempo do mundo para estar perto e, mesmo assim, ouvir deles que você não está tão presente como poderia. São inúmeros os desafios, mas caminhar ao lado deles gera também experiências únicas que não tem preço.

Como explicar a alegria de ver jovens que estavam completamente confusos e sem propósito, e que agora estão incendiados por Deus, desejando viver cada promessa de Deus para a sua vida? O que dizer então ao olhar para alguns jovens que passaram dificuldades dentro de casa e que agora estão rompendo todas as barreiras, construindo o seu futuro um dia de cada vez? Como não falar também do sentimento de participar do casamento de muitos deles e saber que para sempre faremos parte dessa história? Sei que daqui a algum tempo eles não estarão mais tão próximos, alguns deles eu nunca mais verei novamente, eles vão seguir seus próprios caminhos na construção dos sonhos de Deus para si; mas, aonde quer que eles estiverem, fazendo o que quer que seja, creio que vão carregar consigo para sempre as memórias do que estamos construindo juntos.

Hoje me lembrei de um momento surreal que vivi com eles uns dois anos atrás. Estávamos organizando um acampamento com mais de seiscentos jovens inscritos, e, desde o primeiro dia, enfrentamos problemas sérios com a chuva. Lembro que antes de começarmos, um vento forte veio sobre o auditório e arrancou metade das telhas; os funcionários do sítio precisaram correr muito para consertar tudo a tempo. Nós também havíamos organizado uma estrutura na parte externa do sítio onde faríamos algumas ministrações, mas durante dois dias seguidos a chuva caía sem pedir licença. Já estávamos exaustos por ter que desmontar a estrutura toda vez que a chuva vinha e montar tudo de novo assim que ela passava. Mas aconteceu uma coisa incrível em meio a todo esse cenário de frustração.

Estávamos dentro do auditório em uma das ministrações da noite, a chuva veio novamente e destruiu tudo o que havíamos montado horas antes. Corremos para retirar os equipamentos de som e luz que estavam sendo lavados pela chuva e, depois dessa última tentativa, não tínhamos mais alegria nenhuma em insistir com a programação lá fora. Até que ouvi de forma muito suave no meu espírito um convite: "Vem Me adorar no meio da chuva". Eu pensei num primeiro momento que aquilo poderia ser algum impulso meu, mas o convite continuava e era cada vez mais forte. Eu me lembro de ter pensado: "Se eu for para o meio da chuva agora, todos vão achar que eu quero chamar a atenção", mas depois de alguns minutos relutando, eu finalmente me rendi.

Corri para o meio do gramado, onde estava a estrutura completamente encharcada, me sentei sobre ela e comecei a adorar sem que nada mais importasse. O louvor que vinha do auditório me envolvia lá fora e me renovava por dentro, mesmo sem entender ao certo o que estava acontecendo. Eu estava de olhos fechados e de repente senti uma pessoa me abraçando, e mais uma, e mais uma, e quando abri os olhos, eu estava cercado por vários jovens. Alguns deles começaram a sair do auditório coberto e correr para adorar comigo no meio da chuva. Aquilo nunca mais vai sair da minha memória.

São em momentos exatamente assim, quando tudo parece fugir do nosso controle e não sabemos mais o que fazer, que Ele nos convida a experimentar descanso. É indescritível como nos sentimos cuidados quando somos abraçados por quem amamos, a despeito de toda a chuva que cai. Não só eu, mas todos aqueles jovens foram marcados também, e sempre que lembramos daquele dia, temos a certeza que a chuva foi a melhor coisa que poderia ter acontecido. Hoje estou vivendo um momento muito parecido com aquele dia da chuva, e neste exato momento, enquanto escrevo estas páginas, os jovens e as famílias da minha igreja estão reunidos para viabilizar todo o meu tratamento. O manifesto que tem marcado este tempo é: "Mexeu com um, mexeu com todos".

> _A força da Igreja não está em seu discurso, mas em suas ações. A mensagem que carregamos consegue tocar uma geração, mas a mensagem que manifestamos tem poder para transformá-la.

00:00:17

ANDRÉ
FERNANDES.
Printed in Miami -FL. All rights reserved.

ARQVP /// 17
_DDP

/// CAP. 17

# BARQUINHOS DE PAPEL

> "Mesmo na escura noite
> Correrei para Ti, meu Pai
> Tens o que preciso
> És quem eu procuro
> És o amor que enche as lacunas do meu ser
> És o amor que transborda os profundos vãos
> És bondade que atrai com irresistível graça
> Eu te dou tudo que sou."
> (Laura Souguellis)

Um período como este é rico porque o leva a um lugar onde só você tem acesso, se chama experiência. Quero convidá-lo a olhar para tudo que o cerca com uma perspectiva diferente, e em vez de se sentir insatisfeito com o que lhe falta, se sentir completo com o que você já recebeu (Jesus). Nós estamos tão preocupados em medir tudo, mensurar e classificar todas as coisas, que diante do meu breve e singelo testemunho alguns talvez diriam que já viram pessoas que sobreviveram a coisas piores. Outros talvez diriam assim: "Essa doença nem é isso tudo"; e aí entra em cena a nossa singularidade. Para mim em mim também. E em você, o que tem acontecido dentro de você que o torna único? Quais são as experiências que o marcaram e tornaram você ainda mais singular? O que você tem feito com aquilo que o torna diferente de todos ao seu redor? Manifeste isso e deixe as pessoas conhecerem Jesus através de você principalmente sem que as palavras sejam necessárias. E, se forem, use com moderação.

> _Diga-me, e eu esquecerei;
> mostre-me, e eu lembrarei;
> envolva-me, e eu entenderei.
> — Autor desconhecido

Essa citação já foi atribuída a inúmeros autores diferentes, e gostaria de chamar a sua atenção para ela porque isso tem tudo a ver com a força de um testemunho. As pessoas que passam pela nossa história todos os dias não serão marcadas pelas palavras que usamos, mas pelas verdades que as nossas palavras carregam. Nada do que dizemos consegue ser mais forte do que um testemunho. Ele tem a capacidade de nos envolver e, com isso, nos trazer para uma nova perspectiva como se passássemos a ver por alguns momentos através do olhar do outro. Sempre que isso acontece, passamos a conhecer melhor a nós mesmos.

Através das nossas experiências, podemos falar de algo que de fato compreendemos; não é um conceito ou uma tese, agora aquilo se tornou em nós uma marca. Quando Jesus diz, em João 16.33, que no mundo teremos aflições e nos incentiva a termos bom ânimo, Ele declara também em seguida: "Eu venci o mundo". Ele respalda o convite que nos faz com a Sua própria experiência. É como se Ele dissesse: "Eu entendo a dor que vocês sentem, porque Eu senti também, mas vocês poderão vencê-la porque Eu já a venci por vocês!".

A nossa dor carrega o nosso DNA, isso é indiscutível. Já me vi em momentos que precisei confortar mães pela perda dos seus filhos, amigos meus pela perda de seus pais, e, por mais que sejamos afetados também por essas perdas, jamais conseguiremos entender a dimensão da dor do outro. Como compreender, por exemplo, a dor de uma mãe que perdeu seu filho enquanto ainda estava sendo gerado? Por mais que possamos tentar ter a percepção do que ela está sentindo, fazendo um paralelo com outros momentos difíceis e perdas que já passamos, jamais teremos noção de como aquilo a afetou. Agora, imagine a força do testemunho dessa mesma mãe depois de ter sido restaurada, ao compartilhar tudo o que passou e como ela superou isso. É assim que a Igreja cresceu no passado e é assim que vai continuar crescendo, compartilhando verdade através de uma geração que prega o que vive e vive o que prega.

## NINGUÉM REJEITA UM BARQUINHO DE PAPEL

Falar sobre Jesus é apenas uma das formas de apontar para Ele. Hoje nós vemos um mundo muito desgastado com as incoerências entre o Evangelho que foi pregado durante muito tempo e o Evangelho que invadia as ruas; eles pareciam ser coisas distintas em muitos momentos. No período em que eu estive mais envolvido com missões, percebi no discurso de alguns poucos missionários que eles subestimavam a dificuldade de propagar as Boas Novas em meio às cidades, acreditando que o maior desafio é levar essa mensagem para os lugares mais pobres ou remotos. Aprendi com o tempo que mais difícil do que falar de Jesus para quem nunca ouviu é falar d'Ele para quem não quer ouvir falar.

Durante este período aqui, fiz muito mais coisas do que imaginei que seriam possíveis quando cheguei, mas, ainda assim, alguns propósitos ficaram no meio do caminho. Um deles era o meu desejo de visitar os pacientes que estão internados aqui e orar com eles. Por mais que eu já tenha feito isso em outras oportunidades e vou fazer em inúmeras outras, vamos ser sinceros, não é todo dia que aparece um pastor para orar por você arrastando um suporte de soro e com um cateter profundo no pescoço. Acredito que seria no mínimo curioso. Fiquei um pouco frustrado em não poder visitar os pacientes e comentei sobre isso com um amigo. E ele me deu uma ideia incrível: "Por que então você não envia cartas para os pacientes?". Como eu não pensei nisso antes? Lembro que recebi algumas cartas dos jovens enquanto estava no CTI, e cada carta que eu abria me inspirava de uma forma diferente; eles certamente não têm ideia do bem que me fizeram. Por que não retribuir essa atitude para centenas de pessoas? O fato de não conhecê-las só torna tudo isso ainda mais emocionante.

Eu estava tão eufórico com a ideia de distribuir cartas para os pacientes aqui do hospital que convidei todos os jovens da igreja para se envolverem nesse propósito também (hoje são mais de mil jovens envolvidos). Enviei uma mensagem para todos eles explicando o que faríamos, e os motivando a escreverem quantas cartas pudessem. Algumas horas depois, recebi a visita de um jovem que tinha viajado mais de duas horas de moto só para me entregar um presente. Um barquinho de papel. Eu fiquei bastante curioso com aquilo porque horas antes eu tinha enviado para o designer uma imagem de um barquinho de papel e pedi para que ele inserisse de alguma forma na capa do livro, mas não havia comentado com ninguém a respeito disso. De repente havia um barquinho de papel nas minhas mãos. Contei para ele o porquê da minha surpresa com aquele presente e perguntei: "Por que um barquinho de papel afinal?". A resposta dele trouxe ainda mais sentido ao propósito das cartas. Ele explicou que distribui esses barquinhos de papel por onde passa, e que cada um deles carrega uma mensagem diferente escrita. As pessoas podem não estar abertas a ouvir falar sobre Jesus, mas ninguém recusa um barquinho de papel, disse ele. Achei a simplicidade dessa explicação genial.

Já se passaram alguns dias desde esse episódio. Recebi hoje à tarde as primeiras cartas que foram escritas pelos jovens, e vamos transformar todas elas em barquinhos de papel e espalhar por todo lado. Na verdade, enquanto estou escrevendo este parágrafo, fui interrompido por uma enfermeira que veio me medicar e entreguei para ela a primeira carta. Não tenho ideia do que estava escrito nela e nem quem escreveu, e essa é a melhor parte. Alguém compartilhou num pedaço de papel suas verdades, e elas vão tocar de uma forma especial outra pessoa, mesmo sendo anônima. Eu espero que o mesmo aconteça com você enquanto lê este livro. Não nos conhecemos, mas quem disse que isso seria um problema? É tudo sobre Ele.

> _Não subestime a força de um barquinho de papel, ele pode carregar mais coisas do que você imagina!

## SAUDADE

Enquanto escrevo este último capítulo, é impossível não me sentir entre dois mundos. Entre a saudade e o saudosismo do que deixei lá fora, e a estranha sensação de que vou sentir "saudade" de muitas coisas que vivi aqui. Existe uma frase bem disseminada entre os jovens e que nem sempre é utilizada com um sentido apropriado, mas quero utilizá-la sob uma nova perspectiva. Ela diz assim: "Faça acontecer, que eu faço valer a pena". Pois é, Deus permitiu que eu estivesse aqui, me vi dentro de uma situação completamente inesperada e pensei: "Já que estamos aqui, vamos fazer valer a pena!".

Acredito que esse tipo de entendimento, ou melhor, esse tipo de comportamento (porque muitas vezes dizemos entender muitas coisas, mas, na prática, elas não se tornam reais) nos permite transformar momentos de "crise" em momentos assustadoramente incríveis. Paradoxal? Talvez, mas é essa dinâmica que o Evangelho nos propõe. Para ganhar precisamos perder, o maior é o menor, felizes são os que choram e os sábios são confundidos pelas coisas loucas. Ainda bem que a loucura da pregação me alcançou, a ponto de me dar sabedoria para encarar momentos como esses, mesmo sem entender.

Uma característica que marca a História da Igreja desde os heróis da fé, passando pela primitiva e chegando até os dias de hoje, é a capacidade de se tornar cada vez mais forte à medida que, por suas próprias forças, se torna cada vez mais fraco. Um historiador chamado Flávio Josefo fez uma analogia entre as gotas de sangue dos cristãos da Igreja primitiva e as sementes. Ele relatou que, quanto mais ela era perseguida, mais crescia. Vivi os paradoxos que uma caminhada cristã propõe todos os dias aqui. Fui desafiado a me alegrar em meio à dor, encorajar pessoas enquanto eu mesmo estava doente, orar por pessoas que vinham me visitar e que emocionalmente precisavam mais do que eu, dormir em paz em meio às maiores ondas que já vieram sobre mim, gerar sonhos gigantes que não caberiam neste quarto de hospital. Percebi algo incrível observando os sonhos que foram gerados aqui; alguns deles são como plantas que só conseguem crescer neste tipo de ambiente. Eu posso até levar os frutos comigo, mas as raízes precisam ficar. Este livro que você está lendo é um desses frutos. Pode não ser tão doce ou bonito, mas fique tranquilo, ele não tem agrotóxicos.

Gerar este livro e mergulhar nas reflexões que ele me trouxe foi encorajador. Enquanto compartilho meus últimos pensamentos a respeito dessa jornada, me preparo para deixar este quarto e voltar para minha "rotina". Mesmo que eu encontre alguns cenários lá fora da mesma forma como eu os deixei, eles encontrarão um André diferente. Depois de semanas longe de tudo, mergulhado nesse turbilhão de emoções, momentos incríveis, cuidado de Deus, expressões de carinho, tempo de intimidade e revelação, tempo de descanso e renovo, tenho sentido algo que se torna cada vez mais forte dentro de mim e que se chama saudade.

Saudade de estar em casa com Quezinha e Ceci, tornando mágicas coisas tão simples quanto brincar de massinha ou assistir aos vídeos que ela gosta no YouTube. Saudade de buscar Ceci na escola e perguntar como foi a aula e o que ela aprendeu, e me sentir o melhor pai do mundo porque para ela eu sou único.

Saudade de estar na igreja e ser renovado por Deus através do sorriso de cada jovem que, mesmo sem dizer nada, me traz uma convicção de que tudo o que estamos construindo aponta para algo maior do que nós mesmos.

Saudade da minha igreja, de poder servir nos nossos cultos e compartilhar verdades sobre Jesus e o Seu amor furioso por nós. Saudade de participar de cada encontro da nossa igreja em Cabo Frio, que tive o privilégio de poder implantar e tornar ainda mais especial a minha relação com a cidade em que eu nasci. Saudade de ser impulsionado a cada novo desafio que o pastoreio nos propõe e ser renovado pelo frescor com que cada voluntário trata o seu chamado. Saudade das conversas com um pastor que admiro muito no meio da tarde e, às vezes, até bem tarde da noite, projetando coisas novas e gerando os próximos sonhos que marcariam nossas histórias. Saudades até das implicâncias e brincadeiras que fazem tudo ser mais leve.

Saudade dos meus amigos, das minhas ovelhas, dos meus pastores, dos jovens, da minha família e de tudo mais que estou afastado nestes últimos dias. Mas, acima de toda saudade, um sentimento marcou minha estação aqui: gratidão!

> _Como é bom ser pequeno em meio aos sonhos de um Deus grande!

sitedoandre.com

Este livro foi produzido em Adobe Garamond Pro 11 e
impresso pela Maistype sobre papel Offset 75g para
a Editora Quatro Ventos em outubro de 2022.

EDITION

PRESENTS

**ANDRÉ® FERNANDES.**
Miami -FL. All rights reserved™

AF

ARP